患者に寄り添う介護とは

介護して介護されて分かる心得十ケ条

福

郁朋社

患者に寄り添う介護とは／目次

第一部　介護する立場

第二部　介護される立場

装丁／宮田麻希

第一部　介護する立場

まえがき

主人が亡くなって、またたく間に四年の歳月が流れていきました。

癌の夫と向き合い介護した七年の年月も、やがては記憶の闇にほうむられ消えてしまうのだろうと思っていたところ、主人が病いのベッドの上で描きつづけた作品を発見したのです。

二〇〇〇年を記念するように、絵の恩師、家族、親しい友人、親戚の協力を得て、「回顧夫婦展」を開いたのです。

六百人の皆様に来ていただき、あたたかい話題を交わしながら作品を見てくださった時にこの記録を残そうと思ったのです。

絵を通しての質問が多く、最終的に絵を描き通した夫の生きざまや、どのように介護されたのか、話題が介護の事になることが何度もありました。

その私の一般的な介護の話に、「メモをとらせて！」とか「あなた文章を本にして欲しいな！」とか親しい友人は、私に本音をぶっつけてくれるのです。

「文章にしなさいよ」

と言った友人は、

「医療側からの本は数多くあるが、介護側の本は少ない。あなたは医学に無知な人の本などと言うが、その無知な一主婦の体験だからこそ価値があるのではないの。応援するから考えて見て」

と強い後押しをしてくれたのです。

考えて見ると「メモをとりたい」「本にして！」と言った人達も五十代、六十代の女性でしたから、現在病人を抱えている人もいましたし、両親も年老いた現状を考えているのでしょうか。やがて我が身に振りかかってくる介護のことを、みんな真剣に考えている心の叫びではないかと私は強く感じたのです。

ですから、私のこんな小さな体験談も、少しはお役にたつのではと思ったのです。

幸い私は介護メモをとっていましたので、そのメモを頼りに「平凡主婦の介護の実態」を薄れゆく記憶を呼び起こしながら筆をとることにしました。
ささやかな体験ですが、患者と常に向き合って患者の心をひき出し、患者中心の介護に心掛けてきた実践記録です。お読みいただけたら嬉しく思います。

著者

一、介護の役割

1　絵との出合い

昭和五十八年三月、夫は六十歳、妻の私は五十三歳、二人共小学校の教員でしたが、夫の定年退職を機に私も、もうひとつの夢を追いかけてみたいと一緒に退職をしました。

しかし夫は退職した翌日より市の教育委員会の社会教育課に、私も翌年より同じく市の教育委員会の学校教育課の嘱託として勤務したのです。

この時すでに夫の病院通いははじまっていましたが、新しい職場での夫は前にも増して精力的に仕事をし、食事に運動に規則正しい生活振りは、はためにも健康そのものに見えました。

革靴をスニーカーに替え、自動車を自転車に替えて張りのある生活に、体力のおとろえなどみじんも感じさせませんでした。

五年間を楽しく無事務め終えたのです。

その後すぐ地区の区長職を受けましたが、この頃より体の不調を訴えはじめ、大好きなお酒をピタリとやめました。医者の指示でもあったのでしょうか、そのいさぎよさに私もびっくりしました。

陽気な人でお酒大好き人間が酒を絶つことは、本人にも相当の覚悟の上だったのでしょう。

この時のことです。班長さん宅で沢山の絵を見て、酒と引き替えたものは絵であることを私も感じたほど笑顔で帰ってきました。

酒と引き替えた絵は、主人の人生を最後まで豊かにしてくれたのです。

班長さんは公民館の水彩画クラブの指導をしているM先生です。

絵を描き始めた夫は、魚が水を得たように体調の不調も訴えることなく毎日絵を描くことを日課に入れ、充実してみえました。

そんな或る日の事、私はかかりつけの医師より呼びだされ、夫の癌の告知らしき話をされたのです。それからは病をかかえ入退院を七回程しましたが、入院中も絵を描きつづけ、病院での生活も、私を相手に絵の話ではじまり最後までベッドの上で絵を描き続けて亡くなりました。

最後の病院の院長先生のご好意で、夫が入院中の絵を病院の廊下に飾ってあった話を聞き、さぞ本人も喜んでいることと思います。

今、介護の私が不思議に思うことは、夫は癌の苦痛をどう自分で処置していたのかと言うことです。

これほどまでも完全燃焼させたそのエネルギーは、たまたま出会った絵という趣味との出合いが、夫に生きがいを持たせたことは言うまでもないと、私は強く思ったのです。

夫と趣味を同じくして、私も描きまくりました。やる気を起こす介護法です。

目的を当人がつかんで、自主的に向かった時、苦痛も訴えなくなったのです。

2　介護メモが捨てられない

平成八年（一九九六年）十二月九日、夫が逝ってから三年余りは、介護の続きのように妻の私にとっては、苦手な各種書類の整理や手続き、遺品の分類片付け等は意外と大儀な仕事でしたが、それも大方整理がつき、三回忌も済ませ、ほっとしたのです。

それなのにもうひとつ、ゴミとして出してしまえばそれで事が終わりとなる品物がありました。それが私の悩みの種子でした。

何故か、それほど私には大事な歴史の一頁にもなる捨てがたい品物だったのです。

暦に書き込んだ介護メモ、回復を願いながら綴った日記帳、ストレスをいやそうと自分のために書いた絵日記帳、病人と必死で向き合った日々、夫とかわした会話の数々。二度とメモることのできない大事なものだと考え出したら安々とゴミにして捨てることを私の心がそうさせないのか、迷ってしまったのです。

そうして当分、このままに自分の気持ちが納まるまでしまっておこうとしましたが、かえって私を悩ませました。

或る日のこと、親友にこの話をしましたら、彼女は即座に言いました。

「何も悩むことなどない。むしろ貴重な資料ではないの。医者や看護師さんや医療にたずさわった人の介護記録は多くあるけれど、一般の附添いの人が書いた介護の記録などあまりない。悩んでいる人のきっと役立つことだと思うので、あなたが、さらけ出して書いてみてもいいという覚悟があったら、書いてみてはどうですか。むしろご主人も喜んでくれますよ」

と言われた時、悩んでいた私の気持ちにひとつの光りが見えました。すごいアドバイスでした。

「書けなかったら、それから処分すればいいことなのだ。書いて人の役に立てたら、このメモが人助けになるかも知れない」

そう思った時、前むきに発想の転換ができました。

捨てられなかったメモが、捨てないでよかったと言えるときは、ずっと先になるかも知れませんが、私に課せられた使命のように、捨てられなかったメモと向き直って勝負したのです。

3　通院介護の役割は何か

「福島さん、ダイエットしたの」。私をひやかすように、やせ細った私に友だちがかけてくれた言葉、確かに日頃、太めの私には嬉しいことでしたのに何と返答してよいのか、わかりませんでした。

通院介護の厳しさで私のやせこけた体がそう見えたのは、当然だったのです。苦しい真最中でした。

「お母さん、寒の内なのに、その汗はどうしたの」とベッドの夫に声をかけられ、慌てて汗をぬぐいました。

「急いで坂を登ってきたからかなー」と苦しさを押しかくして、素知らぬ顔で話をそらしましたが、汗は滝のように流れでました。

喉から手を出したいくらい、「私にもベッドをください」と叫びたかったけれど、かなわぬ願いでした。

昨日も、そしてその日も、また次の日も、夫には言えませんが通院の帰りに他の病院に駆けこみ点滴をしていました。点滴は気休めのように感じましたが、短い点滴中は死んだように眠れたのは幸いでした。

その上食欲は無く、ビンビンと頭が震えるような頭痛は、もしや私の方が先に逝ってしまうのではないかとの不安におそわれ、不眠病は益々強くなり、夜は正に自分との戦いでした。

げっそりやせた体に、せめて力になって欲しいと、どっさりと買い込んだ栄養剤や漢方薬は、副作用がないというだけの知識で気休めに過ぎませんでしたが、共倒れだけはしたくないと祈りながら、自分の病状日記もメモしました。

介護の私も公職をまだ一つ受け持っていましたし、近所のお付合いもそうそう甘えるわけにもいきませんでしたので、男の方の中に、私ひとりの出席の時がしばしばありました。その中で入退院を何度も繰返していた夫は、入院を極度に拒み続けていましたので、そのためにも、少しでもその負担を介護の私の力が支えになることを願いながら通いました。

幸い、私が専業主婦であることは大いなる幸いでした。そこで大病院には望めない、患者の悩みのストレスの数々を、せめて面会時間を待ちわびる夫の心を汲んであげることのできるのは自分と家族や親しい人の見舞だけと信じたのです。

「お母さんが毎日顔を見せてくれるだけで、ほかに何にもいらない」

と言った夫の言葉は、自分の苦痛を少しでも柔らげるのは自分を理解してくれる人の見舞いのみが欲しいということだったのでしょう。通院での会話は束の間の時間ですが、心許せる人との面会は患者に生きる気力や活力を与えていたことは間違いないと私はこの目ではっきり見ることができました。

夫の嬉しそうな会話の顔は何にも勝り介護人の私にも、自分の体調の心配より、

「これでいい、これでいい」

と自分に言い聞かせ、

「また明日くるね」

と力づけの笑顔を残して病院を去りました。

そうして点滴の病院へと急いだのです。

耳も目も胃も……次々に悪くなったのを、今も沢山の私の診察券の数が物語っていました。

通院介護の目的は、介護者の心からの温かい笑顔、心やわらげる話題、心からなる励まし、それに介護者自身の健康管理であると気づきました。

介護心得を、自分なりに目標を立て、無理のない介護をすることがよいと考えはじめたのは、この時からなのです。それにしても介護者の通院介護がいかに容易でないということを力説したいです。

4　患者の願い

夫の四度目の入院でした。入退院を繰り返す自分に、せめて静かな生活を願っていたのでしょう。

「お母さん、この年齢になったら誰だって入退院は増えるのは仕方がない。ぼくのわがままかも知れないが、ゆっくり治療をしたいし静かにしたい。お母さんには迷惑かけてすまないが、お見舞いにみえる人をお断りしてくれないか」

気のいい真面目な夫の方からのたっての願いだったのです。

「できるならば、病院の名前も知らせないでおいてほしい」と。過去の入院生活の反省なのでしょう。

それも人によりけりの願いで、病状の状態で来てほしい人もいることは私も百も承知をしていましたが、病む身の患者がストレスを感じていたら、それをお断りするのも介護の重大な仕事だと思いまして附添いの私にとっても大賛成でした。

介護は患者の心を汲みとって適切な助言をすべきだと感じました。夫のこの発言は、消極的な私にも断わる勇気を与えてくれました。

幸い個室でしたので、病人の意を汲むことができたのは、何にもまして有難いことでしたが、患者の静かな生活は、病気の回復に大いにプラスになったことも確かでした。

面会やお見舞いを断るなんて非常識と言う人がいましたが、その人こそ非常識だと私は苦言を提したいです。

古い風習より患者を第一に考えてほしいのが、介護者の思いやりだと思いますし、人として温かく見守ってやることの方が人間的ではないでしょうか。

義理などいらないのです。

二、告知

1　三ヶ月の命

「ご主人は、あと三ヶ月の命です」

　これが告知というものなのでしょうか。

　夜もかなり遅くなって医大の先生より、

「昼間の説明の時に、はっきり申し上げませんでしたが、ご主人はあと三ヶ月ぐらいの余命かも知れません――」

　手術の説明だけでしたので一安心していた帰った矢先のこの電話に、何を尋ねたらよいのか聞くすべを失っていました。

　けれどもあの時、私は確かにはっきりと、

「あと三ヶ月ですか」

と一言問い正したことを今でも憶えていますが、医師の答えは全く記憶していませんでした。肝硬変――いずれ癌と闘いになると予想はしていましたが、あまりに早い告知に、

「三ヶ月。夫はあと三ヶ月の生活しか残されていない！」

「あと、三ヶ月！　あと三ヶ月しかない！」

何度も指を折りましたが、三ヶ月の言葉は私の頭にものすごい衝撃でした。夫の命は三ヶ月でたたれると思ったのです。

かなしばりにあった自分の頭は、この三ヶ月の言葉にしばられて全く動かなくなっていたのです。

「みつき、九十日、あと百日足らずでこの人と一緒の生活ができなくなる」

信じられない縁起でもない言葉を繰り返し、しばらくは放心状態だったのでしょう。

こだわりつづけた三の字から解放されたのは、ずっと先になってからです。

患者への告知は、知らせるべきか、知らせない方がよいかということは議論されていますが、はっきりせず、家族への告知はそれほど議論されていることを聞きませんでしたが、家族も全くこの告知に悩み苦しむ、つらいものであることを知ってほしいと同時に告知後の癌患者とどう向き合うか、介護者へのアドバイスは何もありませんでした。

介護者は何を目標にしたらよいのかと、通院介護のように目的のない介護はしたくないと思ったのです。

2　告知は目安だった

私たち夫婦は（四十数年）常にプラス思考で生きてきましたから、私はすぐ発想の転換ができました。

「治らぬ病気告知をする医師にとってもつらい場であるに違いない。家族への告知も、当然、家族への心の準備、介護のあり方を知らせてくれた有難い言葉だったのだと思うことにしよう。そうして三ヶ月を超える介護をしてあげよう」

と、私は自分に強く言いきかせたのです。

幸い、病みながらも好きな趣味の絵を懸命に楽しんで描いていましたので、一日でも多く一枚でも多く描けるように協力していこうと思いました。

「人の命は、日数などできれるものではない。寿命という言葉もある。短かい命であっても中味の濃い人生が過ごせたら幸せと言うもの。永く生きても不幸な人もいる」

こう言い聞かせた自分に少し明るい光が見えてきました。

三ヶ月のこだわりは、ここで断ちきることができました。

「一日一日、今日もいい日だった」

と患者の顔と向きあった会話ができることを目標に、

「三ヶ月を超えてやるぞ」

と、再び自分に言いきかせたのです。

夫は告知を受けていませんでしたので、病気の話し合いをすることができませんでしたが、

「このままで行こう」

介護の心得メモに、次々と努力事項を書き加えていったのです。

三、介護心得

1　介護のあり方を考える

「お母さんも一緒に入院してくれたら、そうしたら、入院してもいい」

物乞うように、夫は交換条件みたいに私を一緒に入院するようにすすめるのです。

何回もの入院生活の病院のわびしさ淋しさの苦い体験から、極度に入院をこばみつづけてきた夫が、考えた究極の願いだったのでしょう。

健康であれば自分の家にいることは誰しも望むことですが、爆弾を抱えているような家族の場合は、一時も早く安心のできる病院に入ってもらい、治療をすることが一番の望みでしたから、付添いの入院も許されるならと、一も二もなく、私は返事をしました。

早速、看護師さんが私のベッドを個室の通路に入れてくれました。担架のような細長いベッドが今夜から私のねぐらになりました。

白い壁が妙に冷たく感じましたし、天井がすごく高く見えました。

その天井を見上げて一番に考えたことは、入院はしたものの先の見えない病気の治療は医師にお願いできても介護は私ひとりが考えていかなければならないことです。

突然に起こる患者の要求をただ聞いたり介助するだけで一日を共に生きることは、何とも大義なことでした。病人に充実した日を過ごさせるには、私（介護者）も充実しなくては介護などできないと思いました。つくり笑顔で、何度答えたことでしょう。

苦しむのは覚悟できていましたが、医師の領分、看護師の領分以外は介護の私の領分と、三つに考えたら、介護にあたる私の介護の目標もはっきりと見えてきたのです。すべてが介護者の仕事ではないのです。自分の健康も考えて、共存生活する気構えでいてよいと思ったのです。楽になりました。

介護心得などとぎょうぎょうしい名前をその時つけましたが、私が私に出した努力事項に過ぎません。自分にもあわせた介護をすべきです。主導権は介護のあなたにあるのですから、無理をなさらぬようにと言いたいのです。

2　自分に出した介護心得

あんなに病院嫌いになっていた夫がやっと落着けたI病院は、夫にも私にも心休まるものが見つかったのです。心得です。

しかし、私の心にまだひとつ迷いがありました。

介護が大変だとか、苦しいなどとの悩みでなく、ただ漠然と場当たり的な主体性のない介護がしたくなかった自分の性格からでしょうか。夫にも、自分の要求をどんどん言ってほしいと頼みました。

介護という役割をいただいたからには、患者も自分も「今日一日、よかったね」と言いあえることの喜びを祈りました。

幸い、私たち夫婦は三十数年間、共働きの同じ職業で、同じ価値観で生きてきましたので、人のために働くことの大切さは理解していました。その苦労は買ってでもやろうという気構えは充分持っていました。夫は七ヶ年の闘病生活に一度も苦しいだとかいやだなどということは言いませんでした、と言ったらきれいごとに聞こえるかも知れませんが、私は夫に感謝し、患者の夫は妻の私に感謝の言葉をかけてくれていたのです。

それは、私が私に出した介護心得十ヶ条にかかげた目標を、忠実に実行することができたから言えたことでした。

常に目先の事にとらわれず、先をみとおした目標に向かって、こつこつと努力しようとする介護者の気力が患者にも伝わったのか、最後まで持ちつづけられたことです。

介護が板についた頃、「三ヶ月の命です」と言われてからとうにその日を越えた今、一日一日を大切に生きた、いい日だったと自己満足できた日が、私が立てた介護心得の十項目が支えてくれたと信じます。

そんな目標のメモをベッドの下にはさんで、こっそり読んでは自分にムチを打ちました。

おかげで夫もおだやかな顔で、私と二人の個室での病院生活を満足している様に見せる笑顔を、私も心の中で「これでよし」と介護十ヶ条に手を合わせて祈りました。

◎自分に出した介護十ヶ条

第一条・介護者は、病人を介護させていただいているという気持ちに切りかえる

（例）丁寧語で会話をするように努めると自分が優しくなれる

（例）勉強をさせていただくつもりだと、疲れが軽くなる感じになる

第二条・介護者は指示や命令を少なくして、病人の言葉に耳を傾ける

（例）薬のこと、おしっこのこと、おむつのこと、食べもののこと、テレビのこと等、よい聞き手になる

第三条・介護者は、病人に主体性を持たせるようにできることは進んでさせる

（例）配膳を自分でさせる

（例）薬の配分をさせる

（例）自分の好きなことをさせること等

第四条・介護者は病人の要望をひとつでも多くかなえてやる努力をする

（例）〇〇が食べたい（そば、川魚、鍋物）

（例）〇〇へ行きたい（写生、温泉、図書館）

（例）〇〇がやりたい（絵、書、盆栽）等

第五条・介護者は病人とできるだけスキンシップをする
（例）握手をする、肩をもむ、手足をさする
（例）手をつないで散歩、お手洗いの介助

第六条・介護者はできる限り病院外のよい情報を沢山伝えるようにして会話を楽しむようにする
（例）病室外の出来事、テレビ新聞のこと、家族の話題、自然現象のこと等

第七条・介護者は病人に不安材料になるような会話はしないようにする
（例）医師の指示ははげましの部分だけ伝える
（例）病人の不安になりそうな話題をさける

第八条・病人に新しい希望を与える話題をする

（例）旅に行こう、写生に行こう、ダンスをしよう、釣りに行こう

第九条・病人の身体の不自由な部分は、より優しく介護する

（例）耳が遠い、手が不自由、手足がだるい

第十条・介護者は常に病院側への感謝を忘れぬこと

（例）院長、医師団、看護師さんへの感謝をする。それが病人にも伝わるもの

以上、十ヶ条はあくまで夫を対象にして私が私に立てた心得十ヶ条ですが、実践していくうちに自分への励みでもあり、できた時の満足感は、思わず目標の箇所に赤ペンで花丸をつけたほどでした。

実践は夫との一例に過ぎませんが、何事にも通ずるものを感じました。

そこでいくつか実践例を書いてみました。

3　介護心得十ヶ条実践例

第一条・介護者は、病人を介護させていただいているという気持ちに切りかえる

（実践例）

「お父さん、お茶にしますか。それとも何か、ほかの飲みものにしましょうか」

私は他人に言うように、丁寧語で小声でゆっくりと聞きました。すると夫は、

「お母さん、どうしたの」

と言いながらも、にこにこして、とても嬉しそうでした。

健康体では感じなかった会話のひとつでも、介護人の優しい言葉かけは病人にとっては心のやすらぎであることを、入院三回の経験がある私が一番わかっていましたから、夫の嬉しそうな顔を見た時、やはりそうしてあげようと思いました。

ただでさえ淋しく不安な病人に介護人のきつい言葉使いは胸に応えることでしょ

う。

そんな心使いは他人行儀などの形式的なものでなく、介護をさせていただくという気持ちの切りかえが、夫婦間においても、こんな優しさ思いやりの表現ができるということでした。

介護をさせていただくと頭を切りかえただけなのに、何事も勉強させていただく有難さで仕事は苦痛を感じませんでした。

これは介護に限らず言えることと思います。沢山の宝をいただけるのは、介護させていただく自分であるということも強く感じました。

第二条・介護者は指示や命令を少なくして、病人の言葉に耳を傾ける

ひとたび入院すると、患者は決められた病室のベッドを中心に行動範囲もせまくなり、一日のスケジュールのレールの上を走る列車のように単調な毎日のくりかえしで過ごしているわけです。

しかし、老人や癌患者の多くはそれを観念しているのか、自己主張をしたくないのか、それともしたいのに聞いてもらえないのか、静かにベッドに横たわっているだけの光景をしばしば私は見ていました。その光景は、私には異様に思われるのです。

それなのに、受身の患者に対し、追い打ちをかけるように「だめじゃあないか」「こうしなさい」とか、「そんなことをしてはいけない！」とか、まるで介護者の特権のように指図をしたり命令をしているのを聞いたことがありますが、何のための介護なのか疑うほどでした。

自由に動けない患者の叫びにあたたかい心で接するには、指図や命令でなく患者の声を静かにうなずいてきいてあげることです。

（実践例）

私は毎日三回、体のだるさが癒せることを祈りながら夫の体を朝に夕にもみつづけて六年になります。病院では日課に組んで、

・朝、点滴前
・夜、やすむ時、消灯過ぎ
・夜中十二時

この時刻がだれにも束縛されない時間帯なのです。（食事時間、診察時間、面会時間外）

夜中の十二時はのどが乾きますので、一緒に飲み物をとり、トイレを済ませてから手足をもむ習慣にしました。

私は全然気づかなかったのですが、看護師さんより「長く寝ていると腰痛で悩む人やひどい人はねこしで苦しむので、手足だけでなく腰ももんであげるといいですよ」と教えられましたが、夫は、

「ぼくはやせているからかな、肩こりと腰痛はない。手足だけでいいよ」

と、自分の言いたいことは主張できる人でしたから、腰が痛んでいたらとうに「腰の方ももんでくれないか」と言っているはずだと思っていました。そこで私は名案を考えました。

それは一方的に介護者がもむよりも、本人が自主的にもんでほしい箇所を言ってくれた方がもみ手の力も集中できると思い、夫に言葉で表現してほしいと頼みました。夫はＯＫをくれました。

そして、特に丹念にもんでほしい箇所に名前をつけたのです。例えば足は、「湧泉」「三里」とか、「指」「手首」「腕」とか。これはもみ手は助かりました。だまっているときはいつも通りにもみました。

やはり肩と腰の要求はありませんでした。

こんな方法ですが、むやみやたらにこちらで迷いながらもむよりも、とても楽でした。一方、患者も要求する箇所を介護者にわかってもらえる安堵感からか、手足がもみおわる頃、

「お母さんも疲れるから、休みなさい。ありがとう」

と、私へのねぎらいも忘れず、やがて寝息が聞こえる時、介護者もホッとして眠りにつけました。

病人は介護者のやさしい気持ちがほしいのです。命令や指示はつつしみたいで

すね。

第三条・介護者は、病人に主体性を持たせるようにできることは進んでさせる

病人だからと思うと、介護人もつい手もちぶさたですし、患者の領分まで手を出してやってしまうことが介護者の役目と思いがちですが、病状にもよりますができる限り患者の考えを聞き、気力を持たせる方がよいと考えたのが第三条です。患者自身の主体性を尊重し、介護者は脇役に徹したことです。

〔実践例〕

院長先生からは、

「好きな食べ物を病院食と合わせて食べてよい」という指示をうけておりましたので、患者が欲しいという食べ物を極力みつけて膳に出し、夫に食べたいものを自由に配膳してもらいました。

時期はずれですが、梨も西瓜もぶどう、イチゴも、頼んでおくと手に入りました。要望に答えることはむずかしいことですが、とり揃えようとする私には、買物の目的もできて悩まずにすみました。

配膳には、三つに区切られた皿二枚に、病院食と私の準備した食品を夫自身に配膳をしてもらいました。野菜食の多い病院食と、病人自身が自分で好きなものを食べられそうだと思う量を盛り合わせるのですから、一口ずつ食べても六口。充分な量を口にすることができたのです。その上、飲み物等を加えますと、予想もしていなかった量を毎食殆ど平らげてくれました。主体が患者の意思によるからでしょう。

附添いが強制的に食べさせようと努力しても、本人がその気にならなかったら食事は進まないことを示しているように思いました。その上、夫は色彩や配色に大変興味があって、二皿のお皿への配膳を楽しむように盛り合わせ、食べてくれました。患者を主人公に考える私のこのアイディアは、大成功だと自分でも思いました。

時折、看護師さんものぞきにきたこともありました。

そのほかには朝、昼、夕の薬分けも一緒にやったり、散歩にかこつけ近くのスーパーで夫に食品を選ばせました。また、本屋へ立ち寄ったりして趣味の本を買うようにしました。

例え小さなことでも、患者に「どうしようか」と働きかける努力が介護側にあると、知らず知らずに患者の主体性が育つようにやる気を見せてくれました。介護者は補助にまわればよいのです。

少しでもベッドの生活に変化をつけてあげたいと思う気持ちから出たアイディアでもありました。

医学的に無知な私でしたが、人間は本能的に考えるのでしょうか。

アイディアは本気で考えると、出てくるものです。

第四条・介護者は病人の要望をひとつでも多くかなえてやる努力をする

「今、何をやりたい」とか「今、どこへいきたい」とか、「今、何が食べたい」とか、だれしも要望はあるものです。病に伏せていても、人間である限り願望、要望はあるはずです。

（実践例）

介護者なら、だれしも食事を食べてほしい願いはありますが、与えられたものをできるだけ多く食べさせることで患者自身が皿に残った残飯の量でため息をつくばかりでした。そこで食べさせる工夫でした。配膳を前項でのべましたが、器にもあったのです。

私が考えたのは、子育ての時に離乳食で使った三つに区切ったお皿でした。赤ちゃんに食事をいろいろと食べてほしい願いを皿一枚で盛りつけた、あの皿の利用を思いつき、病人に盛りつけてもらったのです。こんどはその上に盛る食品の問題でした。

そこで患者の要望をひとつでもかなえてやる努力は、患者と常にコミュニケーションをする中で何となく聞き出すのです。

「お父さんは今一番何が食べたいのかなあ」

「今、行きたいとしたらどこへ行きたいのかなあ」

「今、やってもいいとしたら何をしてみたい」

と、患者の容体を見ながら話題にするように私は働きかけました。

多分、いっぱい心の中にあっても、患者からは要求できないのは、内気な私は痛いほどわかっていました。そこで私の方から、

「食べたいものがあったら言ってね」

と買物のたびに尋ねました。

「そんな会話は、健康の時の日常会話の延長なので……」

と私は簡単に思っていましたが、核家族の今の世の中は、日常会話も少ない介護以前の問題にぶちあたり、やがてくる自分の老いの道に家族のあり方まで考えさせられたのです。

そこで私は夫に、

「お父さん、今食べたいものがあったら言ってね。できる限り買ってくるからね」

と言ったところ、夫の答えはこうでした。

「一番は、お母さんがよく揚げてくれた野菜の精進揚げと、うどんが食べたい。それに冷ややっこかな」

私は、慌ててメモをとりました。

二番目は、妹夫婦の家からよくもらう川魚の煮付け。ないしはどじょうでもい い。それからぐしゃっとした鰯の天ぷら、きんぴらごぼう――。メモが間に合わないくらいの早さで言いました。

「三番目は、写生に行った時、お母さんと二人でよく寄った今宿の大橋のそばやの天ざるが食べたいなあー。あれはうまかったー」

と感想までつけ加えて言いました。

夫の答えは食品名ではなく「お母さん（私のこと）がよく作ってくれた」とか「どこで食べたもの」とか、過去の思い出や情景を思わせるような献立の数々を、まるでコンピューターに打ち込んであったものをボタン一つで引き出すように、すらすらと十以上挙げたのは本当に驚きでした。

私の予想していたのは食品名で、「酢のもの」「アイスクリーム」「イチゴ」などのさっぱりしたものを予想していたのですが、意外や意外、夫の口からとび出したものは私の想像していたものが見事にはずれ、聞いてみたからこそわかったその真意に、話し合いの大切さをつくづく感じました。

私など、その時「とろのさしみ」「オムライス」と二つくらいしかとっさに挙げられなかったのです。

それが亡くなる二ケ月前の記録ですから、そのスラスラと答えが出てくる心理状態を私の頭では理解に苦しんだほどでした。

その願いをかなえるために家で作ったり、外泊の折に直接好物の天そばの店に連れていきました。

夫は少量しか食べられませんが、おいしそうに食べながら、

「お母さん、連れてきてくれて有難う」

と礼を言ってくれました。

「癌の患者は、最後まで意識がしっかりしていますよ」

と院長先生に再三聞いていましたが、その通りで頭の冴えはむしろ私より冴えわたっていたように思います。

こんなに病んでいるのに、私への気づかいも忘れていませんでした。

患者の要望をかなえている自分に、反対に私の真意を汲んでかえしてくれていました。


（実践例２）

「お父さん、どこかに行ってみようか。行きたい所があったら自動車だからいくよ」

と聞きました。

あれほど写生したいと言っていたので「旅行に行きたいな」と言われたら、こんな体ですから内心どうしようかなどと思っていましたが、夫の口から出てきた言葉は、実践例1の食べたい食品名の時と同じようにこれも意外でした。

「昔、兄弟みたいに遊んだ、いとこのIさんのお墓まいりがしたい」

と言うのです。そして更に、

「近くにいたのに知らなくて、お葬式にも行ってあげられなかったからなあー」

とつけ加えて、本当に不義理をしてしまって申し訳けないように言うのです。

「そんなことなら、近くでお墓を知っているから連れていってあげるよ」

と言って、夫の体調のよい日に外出許可をいただき、Iさんのお墓にいきました。

夫の母親の実家なのです。

夫は病院を抜け出した入院中の重病人でしたが、Iさんの墓の草を突然むしりはじめたのです。

「Iさん、近くにいてお線香も上げられずわるかったなあー」

と、またも言うのです。そして最後に、

「お母さん、すまなかったね。お母さんにはいつも感謝ばかりだ。お蔭で清々したよ」

と私に礼を言うことを忘れませんでした。

夫の願いをかなえてやることが私は介護と思っていましたので、私も自己満足でしたが、夫の晴々した顔を見ることは、私には心が痛むほどうれしいのとつらいのがまざり合っていました。

こうしてひとつずつ心の整理をしていると思うと、涙がこみあげてきましたが、これも大事な介護だと私は思いました。

その後も、自分が校長をしていた時の職員だった先生のお墓参りもすることができたのです。

小雨降る日でした。お墓参りをすませた夫の満足気な顔は、今もはっきりおぼえています。

第五条・介護者は病人とできるだけスキンシップをする

昭和一けたの私たちの年代の人は、三歩さがって歩くほどではありませんが、夫と手をつないで歩くなどとは、長い夫婦生活でも照れ屋の私は一度もしたことがありませんでした。

しかし今、私は夫を支えるように、しっかりと手を握り合って夫と散歩を楽しんでいます。照れ屋の自分が不思議なくらいに思いましたが、もたれる夫と手をつなぐだけのささいなスキンシップは、患者の夫には頼りになる妻の存在を心強く思って喜んでいることと思いました。

スキンシップこそ介護の大切な要素だと思います。

（実践１）

私は、そこで家族にもスキンシップの大切さを教えたかったのです。

見舞いにきた娘や孫たちに、

「おじいちゃんの足をもんであげて。おじいちゃん、喜ぶよ」

と、強制はしませんが必ず一言かけました。娘は私が言う前に、

「お父さん、どう足をももうか」

と言って、もみました。孫も続いて足をさすりました。

この一度だけのわずかなスキンシップでも、患者から「有難う」と言われたら、見舞いに来てよかったと、この体験のぬくもりを心の中に納めたのは、足をもんだ人の方だったのかもしれません。

（実践2）

私は先日、癌の友だちの病気見舞いにいきました。彼女はもう口もきけず、うつろな目で私をみつめているだけで、黄だんの顔は生気など見えませんでした。

私は思わず、

「もっと早く見舞いにきてあげたかったね」

と言いながら、棒のようになげだした両足を、

「今、とっても楽にしてあげるね」

と話しかけながら、むくんだ足を丹念にもみ続けました。ほんの数分間に過ぎ

ませんが、その時、口の聞けない彼女の目がにっこりとほほえみの顔になり、私に目で礼を言っているように見えました。私は手をにぎりしめ、うなずいたのです。

その三日後です。彼女は帰らぬ人になったのですが、たとえ数分間でしたが彼女と最後にふれあうことができたことは、私にとっても「足をもんであげられてよかった。そして彼女と心の会話ができてよかった」と思いました。

こんなわずかなスキンシップですが、夫の足もみの体験から得た患者へ向かう介護の心得を私は自分で実践できた喜びを感じとりました。

第六条・介護者はできる限り病院外のよい情報を沢山伝えるようにして会話を楽しむようにする

（実践）

テレビ好きな私でも、自分の入院中、なかなかテレビにかじりついて視る気力もなかったことを思い出しました。

そこで、よい情報を沢山仕入れて夫と二人の楽しい会話ができることを目標にしました。

病床の患者に何が会話などと思うかも知れませんが、限られた情報しか入らない病室では、以外と患者がそれを待っているように私は思いました。

夫は、幸い会話が好きでしたので、私の下手な話も上手に聞いてくれました。

それで病人の苦痛が一時でも柔らげることができたとすれば、病も効をなすものと私は信じて話すのです。

外からのよい情報は、そう沢山あるものではありませんでしたが、夫が一番興味を示したのは展らん会等の絵の報告でした。パンフレットを見ながら会話も続き病気を忘れさせていたようです。幸い私も同じ絵の趣味でしたので、夫婦共通の趣味があることの大切さもつくづく感じました。

偶然かも知れませんが、I院長先生のお父様が何度も見舞いにみえられて、絵の大家のI先生のお話に、会話も進み、私も話の仲間入りをして談笑したことは夫婦共に大きな思い出になっています。夫もその一時を楽しんだことでしょう。また、娘夫婦の話題、孫、家族、身内のことになると、同じ話題でも嬉しそうに話に乗ってきてくれました。

しかし、会話を楽しむために立てたこの心得に、思わぬハプニングの話題が起こったのです。

（夫との会話の問答）

I病院への三度目の最後になってしまった入院の時でした。沢山会話はしましたが、私の口からも病気の話題は持ち出せずにいました。夫は癌ということは告知は受けていなかったと思いますが、本も読んでいたので知っていたはずです。

しかしこの日、自分の口から先生に、

「先生、ぼくは癌なので、癌の治療をしてください」

と頼んだことを聞きました。

夫は、やっぱり何もかも承知だったのです。

この日、私にも「母さんアノネ！」と言い出して、医者と同じように癌の治療を頼んだ話をしてくれましたが、すごく冷静なので、さぞ悩んだ末のことと察しました。

過去に一度も話題に出なかった病気のことを話し合いをすべきだったのかと後悔もしましたが、もうすでに末期癌で、手術も不可能と宣告されていたので私も話にのりました。

医師にこの旨をお話をしたところ、

「特別な治療法もありませんが、でき得る限り頑張りますから」

と言ってくださって、夫の体力に合った抗癌剤の投与が行なわれたようですが、聞いたところでわからないので私は医師におまかせでした。

その後もベッドの上の夫は、「お母さんアノネ！」と全く自然に出てくる会話の内容で四十二年間の思い出をたどるように、家にいるよりなお濃く、ゆっくりと語り合えたのです。私は夫の話のよい聞き手になれました。コミュニケーションのない患者がベッドに横になっていることは、抗癌剤治療よりつらいことだと思います。

会話の内容をメモを辿って書いた時、家族のこと夫婦間のことが大半でした。

そのままを書くことにします。

一、趣味の会話

・夫婦間の間に同じ趣味があると話題にこと欠かなくてよかったこと

・同じ趣味…テニス、ダンス、書道、絵画

・違う趣味…夫―ハーモニカ、妻―川柳

二、家族のことの会話

・娘や息子が、いいつれそいをみつけてよかったこと

・両方の実家がしっかりしていてよかったこと

・兄弟のこと

三、教職中の会話
・勤めが楽しかった思い出の数々の話
・自分の本の出版のこと
・私の本の出版のこと
・私の入賞や表彰のこと
・共通の喜びのこと

四、今の子どもの躾のことの会話
・ありがとうのない躾教育はだめである
・子どもを、もっと家業に参加させること

五、健康のことの会話
・栄養と運動の大切さ

・健康観察、漢方、つぼの話
・入院から得たものの話

六、我が家の行事の会話
・家族中で一度も欠かしたことのない墓参りのこと。つづけたい
・十大ニュースの記録。つづけたい

七、夫婦の会話
・互いに気おわない自然体が幸福だった
・いたわり合い、干渉しない自由（基本）
・夫と妻のバランスよい生活（負担）

八、管理職のことの会話
・一家に二人の管理職はいらない

・妻の私が管理職を選ばなかったことに非常に感謝

九、核家族のことの会話
・息子、娘夫婦も核家族での生活。極力苦労や喜びを同じに味わわせる努力をさせること。週一度の食事会（別居の息子夫婦）
・共働きは女の人に負担にならないように
・コミュニケーションの大切さ

十、友人関係（職場）のことの会話
・妻に沢山の友人がいたことの感謝と喜び
・夫にもよい職員といくつもの会があったことの感謝と喜び
【主な会】
菖和会　勝呂小会　一六会　南古谷小会　大学の友の会等
勝運会　いちじく会　福の会　山ろく会　ひるがおの会　芳友会等

十一、近所づきあいのことの会話
・近所の人がおだやかな人で助かる話
・隣近所が仲よいのは一生の得

十二、我が家の十大ニュースの会話
・十大ニュースは続けてほしい
・いい人生だったと評価できる

十三、家族と旅の会話
・中学生までの家族旅行
・夫婦旅全国まわりの収穫大

十四、親戚とのつきあいの会話

・甥にも息子夫婦のことを頼む
・不義理にならぬつきあいをする
・墓参はかかさないこと

十五、我が家の子育て話
・分担、感謝、責任、自立（わが家の子育て論のこと）

それにしても、メモを整理してこう書いてみたら、私たち四十二年間の夫婦生活の子育て、教職中、すべて網羅しているのには私も二度の驚きでした。夫は私に遺言のように話していたのでしょうか。メモを文章にしたことで介護の他に大切なことを発見させてくれました。

第七条・介護者は病人に不安材料になるような会話はしないようにする

私は根が正直ですから、医師の指示等も確実に伝えがちですが、自分のいましめのためにも、この項目を立てたのです。

よく耳にする言葉に、

「先生が、そう言ったでしょう」

と患者の気持ちを無視して、どなったりなだめたりしているのを見たりします。

そこの話は、介護者が上手に、患者にプラス思考になるように話してやるべきです。

医師の指示は、励ましの部分だけ伝えるとか、患者の不安になりそうな話題はさけるとか、気をつければよいと私は思いました。

第八条・病人に新しい希望を与える話題をする

明るい話は聞いていていても気分がいいものです。旅の計画、趣味の計画等、患者が喜ぶ話は何回でも聞いてあげる努力をしました。おかげで旅は何回も実行できました。

第九条・病人の身体の不自由な部分は、より優しく介護する

痛い所や、かゆい所に手が届く介護などとうてい望めませんが、人間その気になれば優しく介助しようとする気持ちでかなりその目的が達せられると私は信じます。

第一条で、介護はさせていただくという私の気持ちの切り替えで、私は強くそう思いました。

これは病人にかぎらず、健康な人すべてに、私は是非心から優しく接してあげて欲しいと願いますし、私も人には優しく接しているつもりです。

夫はベッドの上からも私に、

「お母さん、家に行って風呂にゆっくり入ってきなよ」

「ぼくがねている時は、ベッドに横になるといい」

「お便所へいく時、起きなくてもいいから」

とフラフラした体をしていても、介護者の私にも優しくする夫に、励まされているのは私でした。病人のあたたかい気持ちをあたたかくうけとれる自分でありたいと思いました。

しかし、家に帰り風呂を沸かして入ってゆっくりする間も、他の用件を足していて至難の技でした。しかしお便所に一人でいける状態でない体で、介助をしないでもできるという夫の強さも見ました。人に迷惑をかけることを極度に嫌った夫は、動けない体に、最後までむち打っていたのでしょうか。腹式呼吸法、ストレッチ運動もベッドを利用してやりました。

（実践1）

夫はとうとう、こばんでいたオムツや簡易便器の厄介になったのです。便器は大変いやがり、どうしても用がたせませんでした。その時私は健康体の時、簡易便器で用を足す体験をしておくべきだと思いました。

体験のことでもうひとつ書きとどめたいことは、夫はオムツや便器をあれほど嫌がっていたのに、

「お母さん、A子さんにも、オムツの経験をさせてあげるといい」

といって打合わせにきたお嫁さんにオムツのとりかえを頼みました。

あんなに嫌がっていたものを、お嫁さんに我が身を提供して勉強のための体験をさせた夫の勇気に、私は頭が下がったのです。

もうすでに一週間あまり、便は真黒くべたべたしたものでした。

やはり夫は教育者として歩んだ人だと強く感じたのです。

第十条・介護者は常に病院側への感謝を忘れぬこと

医者だから当然、看護師だから当然と思いがちですが、私も教員歴三十二年現場でやってきてわかりますが、思いやり、優しさ、感謝の躾をしていない親の躾が、子どもを駄目にしている場合が、今の世の中をみて思いますが、私も強く感

じる現在です。

医師も職業ですが、精一杯尽してくださる医師も多くいます。幸い私の家では信頼できる医師に何人も会えたことと最後には夫が全く信頼できた医師に巡り会えたことは一生の幕切れにこんな幸せなことはないと私は思いました。

介護にあたったものにとっても有難いことでした。

感謝する心があれば、気持ちも荒々しくなくなるものです。

私たち夫婦は争いごとがただの一度もありませんでした。感謝と家族と思いやりが目標にあったからでしょうか。

四、趣味と介護

1　趣味に助けられた日々

患者の寝息を聞いたほんのつかの間に、疲れきっているのに横にもならず、私はスケッチ帳を出して絵を描き、川柳を詠むのです。それは介護の緊張感が一瞬いやされる私の大切な時間でもあったのです。厳しい中にもストレスを忘れさせてくれる清涼剤――それが趣味であることの発見でした。生涯学習とはまさにこのことなのでしょう。

明るい句づくりを目標に詠んできた今までの句づくりとは違い、病院の中では決して句に向く明るい材料はありませんでしたが、真剣に歩んできた二年もの長い闘病の苦しい生活からこの句は、この文章を書く上の貴重な資料になったのです。

そこで愚作ですが、全句をここにそのまま載せることにしました。

幸いベッドの上で絵をかく夫にも言えることでした。

『芸は身を助ける』と言うことわざがありますが、『趣味は身を助ける』と私は叫びたいくらいです。介護にあたるあなたもやられるといいです。

2 入院介護日記（川柳）

容体悪化にもかかわらず、救急車をこばんだ主人を実家の弟にお願いして大学病院に連れていったのは八年の三月でした。

うなだれる主人は、立っていることも大儀でした。医大からその足で、住いの近くのI病院に移ることになったのです。その日から私は日記として介護川柳をつけました。メモすることで心のよりどころとしたかったのでしょうか。自分でも憶えていません。

うなだれる夫《つま》へ　車椅子を乞い
脱水へ　カルピスの滝　喉をかけ
泣き言は言うまい　入院へ誓い
起こしてはならない　束の間の寝息
容態をただ祈るのみ　神　佛
点滴のリズム　見守る　首が垂れ
寝返れば壁へ太めが　細く寝る
点滴を見守る　夜がやっと明け
貝になる口　胸に当て小さく居り
病人も　付添いも耐え　夜が明ける
大の字に寝ても　寝られぬ悩み事
動揺を隠し　見舞いの客と会い
妥協する度みじめさが　胸にしみ

病人へ　勝ちを与えてする妥協
病んでなお会話密になる夫婦
愚痴ひとつ付添いだって言う権利
いささかな事に　病《やまい》が怒らせる
病人の我儘　時に目が叱り
ひたむきの看護　押し売りかも知れぬ
それとなく他人に話せ　胃もやわぐ
半分は意地かも知れぬつくり顔
病室へ　新婚並みの　茶の道具
今日も又　流動食の膳を食い
一言へこだわり不眠　夜も明ける
苦しさを誰に話そう個室窓
一言が左右する日の気の疲れ
病人へ弱音のはけぬ肩がこり

減塩を気配り過ぎてうるさがれ
言い負けてやる　わたくしは仕掛人
減塩を　またも言い過ぎ叱られる
食欲を信じ　病と勝負する
病状のメモ祈りつつ捨てるごみ
病人の寝息を耳に　行くトイレ
女房を楯に　病へ怒ってる
お互いの思いやり過ぎ　もめのもと
皿を替え病院食に色を盛り
かん高い挨拶　病室《へや》を揺らす人
転んでも只で起きまい　床を出る
時差惚けのように付添い昼に寝る
病人の気力迷路へよく耐える
後戻りさせぬ医師団　後光見え

不調谷這い出す努力共にする
順調という幸せを噛みしめる
病室へ遠慮半分趣味を出す
入退院続き捨身のぶっつかり
ポンポンとたたく化粧の出来ぬ日々
二歩三歩　近づけと肩、手がほめる
付添いも凄み見せたい事もあり
今日もまた無事を幸せだと休み
自己批判ばかり自分を痛めつけ
洗い物と言って嘘つき足す用事
ひと振りの薬味が喰わす　食の量
性分で耐えることには強く出来
空白を埋める絵を描き　句をつくり

週二度の　ひとりの風呂の湯が惜しい
これでよし　決めた心へ　風が抜け
悔いなしと言える看護と言い聞かせ
喜怒哀楽小箱へ詰めて　過ごす日々
付添いの心のひだへ　しみる梅雨《つゆ》
妻として　あくまで通す　負けぬ意地
病室で針持ちパジャマ　裾を上げ
繰り返す愚痴　自分への独り言
苦しさに負けまい意地の腰が病み
梅雨《つゆ》に聞く止まぬ雨なし晴れを待つ
ささやかなゆとり家族とする外食《しょくじ》
庭へ立つ花に孤独を覗かれる
ストレスに負けまい意地で寝《ね》かされぬ
天井へ望めぬ話　持ちかける

心労の痩せへ　優しい友の腕
応援の身内　プラスの力くれ
乗り遅れならない事の先手打つ
耐えてきた涙　身内へポロリ落ち
まな板の傷より深い峠越え
エネルギー湧く話のみ膳に乗せ
付添いも満ち足り　今日の夢心地
快調の胃腸がせかす食事待ち

＊　＊　＊　＊　＊　＊

「福島さん、家に帰っていいですよ。調子が悪かったら、すぐ病院へ来なさい」

そんな院長先生の温かい言葉をいただいて久し振りの我が家は、主人はベッドにいませんでした。庭に下り盆栽いじり、キャンバスを車につみこんで、写生にでかけました。

勿論、私は付添いです。在宅介護です。

病人と健康人、ふたつの夫の顔をみたような気がしました。

「この人は、趣味をしている時は健康人なのかな」

今も不思議です。何かに集中していると痛みも忘れている。これが体によい体験と私は今も続けています。頭がスッキリするのです。家がいいのはそこです。

生きる喜びのもてるものを私も最後までできたら本望だと思いました。

3　在宅介護川柳日記より

院長先生は私に突然話しかけました。

「私も医者でありながら、病院は病人にとって一番安心な場所と思っていましたが、あんなに家に帰りたがっていた母の願いを受け入れてあげられなかったことを今後悔していますよ」

と私に話した。院長先生の苦しい体験を生かした今回の退院だったかも知れないと思いましたが、この病院での生活はすべて夫にとっては、今までになかった、患者と医師の心の通い合いをそばにいる妻の私が強く察しておりました。医師への信頼が、患者へ生きる気迫を持たせてくださったのでしょう。

家に帰った私は在宅川柳をつづけました。

これで勝つ　ベッドの夫《つま》の顔の冴え
病人の膳で鯛まで　そり返り
ベッド上　快調笑みが　テレビ見る
このままで欲しいと祈る手の強さ
よく食べて　よく寝て驚く長湯して
付添いの胃も快調の夕の膳

悔いひとつ残すまいぞと床をはね
アトリエのパジャマ姿が絵筆持ち
病癒え個室窓辺の深呼吸
食べ過ぎでないかと顔が合図する
踏み越えた迷路　いくたび抜けた穴
もひとりの　自分へ活《かつ》を今朝も入れ
越えて来た　後振り向けば今は虹
付添いがそろそろ邪魔な回復期

この在宅介護期間に夫は旅を計画し、スケッチ旅行を三つもやりました。妻へ感謝の旅だったのでしょう。

しかし、絵の冴えはこの頃が最高潮だったと思います。付添いの私が付き添われるくらい、主人は健康人そのもので、絵を描き続けました。

これが奇跡と言えることでした。なぜか。私自身も少々かじった、趣味に五七五の句を綴るだけでも、介護の頭から一瞬はなれ、明日の介護力を養っていたのでしょうか。

4　入院介護川柳日記

「福島さん、福島さんの希望する個室、いつでもあけておきますよ」と言ってくださった病院のあたたかい言葉の配慮も私には心の支えになっていました。

絵が描きたい願いを、自分から進んでできた在宅介護も大事をとって二回目の入院をしました。おだやかな個室の日常でした。

介護中助けられたのは趣味のできることだと強く思ったのです。

点滴の夫　気持ちよくかくいびき
重ね着で　体重多い目に記入
やんわりの苦言　夫へ　届かない
回診へ同じ会話で受け答え
色着衣まぶしくナース脈をとり
温ったかな婦長へ甘え　さらけ出す
情のあるナース患者といい会話
個展でもやりなと婦長気力づけ
快調の医師の打つ手もみな当り
小気味よい婦長の声で元気づき
医師《いし》の義父《ちち》　見舞いへ病室《へや》が温かい

（院長先生のお父様は主人の大先輩だったのです。お見舞に突然おみえになり、主人もさらに院長先生への信頼が深まったのです）

明るさの絵で診断の名婦長
変らない笑顔婦長の治療術
気立てよいナースで和む病屋の中
血管の細さ注射の前に言い
窓の陽が幸せ色の回復期
新緑へ誘われて出る病上《やみ》がり
外泊へ趣味の頭がよくまわり
外泊が　アザリヤ鉢へ植えかえす
外泊の絵筆バッチリよく走り
外泊へ百円ビール少しつぎ
うまかったー。その一言へほっとする
回復期　その後の予定語るメモ
知恵のあるナース　個展のいいすすめ
病人の方が強気の回復期

検温へナースへしゃれがとんで出る
病院食小皿小盛の介護術
描かせたい描きたい夫を連れ歩き
病床を抜けて白髪捨ててくる
病人へホットの話題　気もいえる
言いかけた禁句見舞いの袖を曳き
外泊の旅で　満足する会話
妻ひとり頼るものなし出る感謝
もひとつの　わたしの生きる道さがし
そろそろと　またも趣味へと振り向かす
鉢物の水やり心配する余裕
祈ること遠のく自分なぐさめる
苦言など無駄かと思う時期も過ぎ
罪深い酒とまだまだ仲がいい

あの世行き　夫笑顔で明かす今
頑張った熱意誰もがほめてくれ
軍配が趣味へ挙がって病魔逃げ
退院の思い出つくる長ベッド
退院日患者が決める気力勝ち
思い出の絵高く積む部屋の隅
あれ、これかと思い出つづる日記メモ
天の川　願い届いた退院日
病身の父を乗せたい新車買い
医師へ礼　言いたりぬほど深い恩
これでもか看護の登りつめた坂
明日と言う光りに夫婦して向かい

明日という光りに向かい、病院介護も在宅介護も夫も私も一日一日、大事にしてそれなりの充実感を感じたのは、ベッドの夫のスケッチの筆の冴えでわかりました。

その後三度目の入院をしましたが、介護川柳日記はここで終わっていました。川柳を書くその余裕がなかったのだと思います。

今、このメモを清書してはじめて気付いたのです。きっとそうだったと思います。

五、七、五の数あわせだけの下手な川柳だけど、必死にたたかった記録として全部残すことにしたのです。

五、家族との思い出

1　お父さん秋を持ってきましたよ

絵のことに始まり、最後まで絵のことを考えていた夫の、絵にまつわるエピソードを描くことにしました。

「秋が描きたい、秋が描きたい」と秋を描きに行けず入院した夫の願いがわかるだけに、私はいたたまれませんでした。

点滴が、今日もブラさがり、天気予報を気にしているだけで、その願いはとうてい無理なことでした。

病室から見えませんが、野山は色づきを見せ、夫がわざわざ農家から自分の目で見てわけてもらってきた我が家の紅葉《もみじ》も、夕陽に映えて見事に色づいてきました。

「そうだ。この紅葉を病室へ持っていこう」

私は、もみじの枝を一米ぐらいに切り三本、車で運び、暗くなった病院の玄関にこっそりもちこんだのです。

天井にとどきそうな枝をかびんに差し、夫が秋をあきらめて、このもみじを描いてくれたらと思ったのです。

「お父さん、我が家の秋を持ってきましたよ」

と言ってスタンドの光りを葉の裏側から照らしました。私の演出です。

「一晩だけの小さな秋ですが、描きますか」

と、丁寧語でおどけて言いました。

しばらく、じっと眺めていましたが、

「お母さんのアイディアには降参だ」

と言いましたが、夫は私の行為に感謝してくれ、何度も何度も礼を言ったのです。

「いい秋を持ってきてくれたな。この色は澄んでいてきれいだ。日本の和服の裾模様の色だ。澄んだ色は、ぼくは好きだ」

よほど秋を描きに行きたかったのでしょう。水彩画の澄んだ色を出す夫の独特の絵を私も見ているだけに、澄んだ秋の紅葉を描くことが夢だったのでしょう。私がどんな花をさしても何の反応もしてくれなかった夫が、私の努力を認めてくれたのはいいのですが、それからは秋を描くのをあきらめたのか秋を描きたいと言いませんでした。私はすごくわるいことをしたといっとき思いましたが、私は悔いてはいません。夫は満足してくれたと思っています。

夫はそれから病院の全景、近くの川越街道の風景を描き、院長先生や婦長さんのご好意で今も病院のいい場所に飾っていただいてあります。家族にとっても有難いことです。

「福島さんの絵を見ていると、体の状態が一目でわかります。沢山描いてください」

婦長さんにはげまされ、絵を描く気力を最後まで持ちつづけた夫は幸せ者でした。

2　点滴液をあたためる

医者の仕事、看護師の仕事、介護にあたる附添い人の仕事と区別して患者の心のケアーをしてきましたが、思わしくない患者の容態に心のいらだちを感じた私にもこんな事がありました。

食事がだんだんと入らなくなった頃でした。多分栄養剤（抗癌剤か）でしょうか。一リットルもありそうな豆乳のような点滴がはじまりましたが、細い血管に、どろどろと見えるその液は午前中で終わらず午後の四時頃までかかりやっと終わりました。点滴を支える体力もないほどの腕に、なぜにこんな長時間、患者はその点滴に堪えなければならないのか、私はいらだち看護師さんに、

「液がつめたいから、血管に流れないのではないのですか」

と素人の意見をぶっつけたところ、看護師さんの答えは、

「温めてあるから、これでいいのです」

と簡単な返答でした。専門家の言うことに口ではさからいませんでしたが、長時間の点滴は、体の自由もなく弱っている姿を四六時中みている附添い人には見ていられないほど堪えがたいものでした。

そこで看護師の領分の点滴の仕事を、私はせめて、さかさにぶらさがっているびんにスタンドのあかりを向けました。

「今日は早く終わりますよ」

夫に言葉をかけました。

こんなことでとけるはずはないと思いながらも、夫は、

「お母さん、液があたたかいのかな。気分がいいよ」

と言いました。厚いびんでしたので温まるはずはないのですが、点滴時間は二時間も短縮していました。

あたたまるはずのないびんでしたが、二時間の短縮は魔法のようでした。

「母さんのアイディアをぼくと同じの点滴をしている人に教えてあげたら喜ぶ

よ」

と私の努力ととってか、ベッドの夫にはげまされた一幕でした。私は、実際には、

「少々、あたたまったろうから、今日は楽よ」

との言葉かけに不思議の現象におどろいたのです。

〝念ずれば花開く〟

のたとえのように、偶然そうなったのに――。

実際には私は治療台もびんも動かしてはいませんでした。患者の気持ちをやわらげたい一念に神か仏が助けてくれたのだと、私はこの現象を今もよくおぼえています。

3　妻の日記より（平成八年より抜粋）

平成8年1月1日（8・1・1）

・生きている喜び　明日に積み重ね

今年は家中健康で、心だけでもゆとりを持っていこうと家族で話し合う

8・1・2

ここは白山神社。現在勝呂神社と言い、戦時中はこの長い階段を上がり武運長久を祈ったものだ。

今日は初もうでを兼ねて主人とスケッチ。ご先祖様の井上淑蔭直筆ののぼりが正月の空にほこらしげに泳ぐ。

主人の病気、オセチのない雑煮のない正月をすごすが早速勝呂神社を描きにいく夫。この時は病はどうしているのかな。

8・1・7

めそめそしても一日。辛かったあのこと耐えたじゃないか。病気を乗り越えた

貴重な体験。お金では買えなかった。
プロポリスもエンターフェロンもいらないぞ。

8・1・24
おみくじ大吉。気分よし。今年はいいぞ、と言いきかせる。

8・2・2
・名医より趣味の名医の方が好き
主人とモチーフの花鉢三個、ほおずき三枝買う。主人の絵心をかきたてる。顔色が輝いてきた。

8・2・3
主人のために作る料理。第二の医者だと自負して料理をつくる。
手をかけて心をかけて時間をかけても、うまくいかぬ世の中。うまくいかぬ料理。

8・2・6

大腸癌の手術から一年、奇蹟が起こって一年たった。「春がまた来たぞ」という感慨が胸にグッと来る。

今夜はこの話題になるだろうか。いや絵のはなしかな。

8・3・16

・主《あるじ》なき庭に紅梅咲く日暮れ

見事に咲いた紅梅も夫が留守の庭に何とも淋しげに見える。

散らないで咲いていてくれと祈る。

8・3・30

あれほど嫌がった入院なのに、急きょ紹介されたI病院（I先生の息子さんの

病院）

主人のホッとした顔をみて肩の荷をおろす。

不思議なほどの旺盛な食欲。

院長先生のお父様の御見舞いを受け、ベッドの上で、主人に好きな絵の話がはずむ。有難い。

今日で入院十五日目。貧血のため輸血八〇〇ＣＣを入れる。

8・4・4

アイマスクの主人の眠る病室。点滴の黄色の液が一秒に一滴、時を刻む。

三階の個室の窓からＴ工場の桜の梢がかすかにピンクに見えるので、花見もそろそろ……だろう。

食欲もあり冗談もとび出す、調子がいいのだろう。

今日は気持ちよくねていた。

8・4・5

今日は私の誕生日（六十五歳）。雷電池まで二人で散歩。こんな誕生日も人生にあると……。夕方息子夫婦より病院に花束とどく。

ひざの上でスケッチをする。

息子夫婦も朝に夕によく病院に来てくれる。

8・4・6

結婚記念日。I病院の三〇五号室、主人の介護をしながら四十一年目の記念日を迎えた。顔色がいいのが何よりだ。ふと前のかびんにさしてあるガーベラの花のように、茎は細いが寄り添ってこれからも生きていこうと思った。主人ベッドから川柳をつくっている私をスケッチしているみたい。うれしい。

8・4・7

・花を描き心静める日の多し

朝の散歩。ただ歩きはもったいないとスケッチブックを持っていった。

8・4・7

息子夫婦が父を鶴ヶ島の桜並木太田ヶ谷の沼に桜見物のさそいに来た。息子夫婦のつとめるJ大学の桜はとりわけ心に残った。夫はどう眺めたか、家族でする桜見物。四人での外食。

息子夫婦の心尽しの父へのプレゼントの桜見物だった。夜二人で桜の話をする。

8・4・10

ピンチをチャンスにする。病人の附添いをしながら、家の仕事、近所のつきあいもかかさない今の生活。

なせばなるのプラス思考でいく私。

別居中の息子夫婦は、私の生活は知らない。

8・4・12

主人が急にうなぎが食べたいと言う。胃が欲しているのだろうか。

今朝は自分で布団をかけかえている。快調なのかな。

四月一日、四月馬鹿、朝方私はとてつもないいい夢を見た。内緒にしていたが、主人の病が快調のことだったのだろうか（へびの夢）。

病院のステンレスの風呂が妙に気にいり、ドップリ家の二倍もの長い風呂で清々した顔で部屋にもどってきた。

明日から点滴より利尿剤を除く。

8・4・17

I病院入院より一ヶ月がまたたく間にすぎた。

苦しみの山、幾度も乗り越えて今朝の陽のまぶしすぎ。

院長先生、A先生の心ある治療に感謝。

8・5・5
・子どもの日　粋《いき》な計らい　桜の湯
・病人も笑顔の鯛が膳でそり
柏餅、赤飯、特別メニューのいきなはからい。素敵な水中花に目をみはる。

8・5・6
・越えてきた　道振り向けば今は虹
退院。つかの間の退院になってほしくない気持ち。

8・5・28
あじさい館　主人も快調。ふと目にした民家の軒先。笑門来福の四文字。
我が家にも笑門来福の日も近く来るぞと祈った。

8・9・8

上古寺　岩石採取場。目の前の風景にみせられ二人でスケッチ。私は頭痛で車の中だが、主人は本気でイーゼルをセットして大作をはじめる。片道二十一キロの道、今日で三日も通った。

8・9・30

・好きな絵に　乗り出す夫《つま》の長い首

絵の話になると病気が逃げていってしまうのです。有難いことです。神に佛に感謝。

8・10・7

娘のM子が時々、父に絵を描かせたい一念で、宅配便で自分の庭に咲いた大きな鶏頭の花やこぶりのひまわりの花を送ってきた。

甲府から三日もたっているのに、しおれなかった花の強さをほめるべきか宅配の便利さをほめるべきか。

しかし夫は娘の行為を喜んだがスケッチはしなかった。いつも心使い有難う。

8・10・17

N夫妻が赤い胡蝶蘭をもって見舞いにきてくれた。

二、三日後に退院予定で一週間早くてうれしいといって、「どこへ絵を描きにいくかな」そんな風景写生を考えているのだろう。

8・9・21

・娘と孫がみごとにかわる電話口

おじいちゃんの病気見舞いを三人の孫がつぎつぎと声を聞かせてくれ、うれしそうな夫。

うれしい声の御見舞いだ。（甲府より）

8・11・4

再度入院。しかしよいニュースを夫に持っていける。

天から降ったか、地から湧いたか、筑波大附属坂戸高校の五十周年記念式典にてノーベル物理学賞の江崎玲於奈筑波大学長より坂戸文化会館において表彰状を私はいただいたのだ。

病のことから離れて朗報であり、家宝である。あした持っていって驚かしてやろう。

8・11・5

人権擁護委員六年六ヶ月、主人が病であることから三期でやめさせていただいたが、昨日に続いて大きな大きな額をいただく。

市役所にて宮崎雅好市長さんより法務大臣長尾立子氏からの感謝状をいただいた。女の法務大臣第一号ときく。十号程もある大きな賞状額をつづいていただき、この喜びを夫に見せようと病床にかつぎこんだら、

「お母さんはえらい。ビッグニュースだ」

と喜んでくれたが、私は、

「二度あることは三度あると言うから三つ目はお父さんの退院だね」

と言った。そうあってほしい。

8・11・15

秋が描きたい病床に秋を運ぶことはむずかしいので、我が家の屋上に咲いた風船かずら、真赤な千両、紅したん、何を持っていってもそっぽを向いているような主人の心の中には、晴れわたった秋空の下、色づいた山の風景だけしか見えないのだろう。何とか考えてみよう。

8・11・8

絵を描きたいので生きる夢捨てず、病院に自動車屋さんを呼び、病院で新車（日産マーチタンゴ）を買った。

「お母さんが車の中で一日一絵が描けるようにと写生台もつけてほしい。お茶が飲めるようにコップおく台も二つつけてほしい。それから直射日光をさけるため日除けを……。

あれも、これもと沢山の部品をつけさせた。

それなのにこの自動車は一キロくらいしか運転できず。夫婦していっしょにまだまだ絵が描きたい気持ちを察すると、どう言っていいのか、言葉がでなくなった。

8・11・23

「お父さん川柳の宿題、十句かかなくてはね」

と長いベッドで川柳づくり。

「ぼくはお母さんの川柳のファンだから頑張れよ」

私の選者でもある病人の夫に励まされる。

病床の会話は最近趣味の話が多い。

「楽しい話がいっぱい話せるから、入院もまあいいか」と夫婦の会話。

私たち夫婦の会話はつきない。

8・11・24
こっそり膝の上で描く一絵。主人は「堂々と描きなよ」と言うけれど、私だけ好きなことしては悪いと思って遠慮する。

描きたい主人を逆なでしたらわるいと思うから。でも私が楽しく描いている方がかえって嬉しいのかも知れないと、「では失礼」と言って描く。

8・11・24
主人、廊下を嫁のA子さんと歩く。

8・11・28
いのちが一番大切だと思っていたころ生きるのが苦しかった
いのちより大切なものがあると知った日生きているのが嬉しかった　（星野富弘

さんの言葉）
夫の命より大切なものは絵であろう。
今、夫は命とたたかっている。
病室に飾った一鉢のシャコバサボテン
平成五年の夫婦展の時いただいたお祝の花が、三度もみごとに咲いた。
関心があると信じて飾ったのに、スケッチにはならなかった。
今、夫は命より大切なものとたたかっているのだ。命ある限りたたかい通す決心をしているのだろう。まだ描いてほしい。

8・11・29
夫との一日一絵はここで終わる。

六、夫婦の会話

1　母さん　アノネ！

病院の介護で一番頼りになるのは、何と言っても患者が介護者との日常の会話ができることであると私は思いました。

夫の場合は特に介護者が妻の私でしたので、心おきなく会話ができ、妻にとっても日常と変わりない会話ができたことです。

「母さん、アノネ」と話し出す夫の会話の一声で、私は病状を知ることができました。もし身体的に苦痛で心の安定を欠いていたら、話などできなかったと思います。

癌の患者は、激しい痛みに苦しめられるという先入観ばかり私の頭に植えつけられていましたから、この段階で癌患者でも最後まで激痛のこない人もいるという望みをこめて毎日会話をしました。しゃべりたくないと言った時は、身体的に苦痛だと判断しようと思いました。

患者をひとりぼっちにしないことも、この会話でつながっていたと信じます。

夫は末期癌でしたが、激痛もなく過ごせたことは不幸中の幸いでした。

本当に短い会話ですが、日課のようにしていると患者の気持ちを察するのに病状まで見えるように思いました。


1★「お母さんは、どうして目をあけると、いつもぼくの前にいるのか？」

夢うつつなのか、現実なのか、この言葉の意味。

「お父さんの附添いだから見守っているの」

「ふーん、ありがとう」

わかったような、わからないような、おだやかな顔が、また目を閉じる。

ひとりでなくてよかったと安心する顔にみえた（私も一緒に入院する）。

2★「お母さんには随分仕事を助けてもらったなあー。感謝しきれない。それなのに何もしてあげられなくてごめんな」
「そうかなー。私は、そんなに助けたことあったかなあー。ま、いいや」
「お父さんにお礼を言われたら、私もお礼を言わなくちゃ。お母さんは子育てで遠くへ旅行もできなかったからと言って、沖縄から始まって北海道まで旅をさせてくれたじゃない。

私の方が沢山礼を言わなくては。お父さん、楽しい旅を沢山有難うございました」

うれしそうな私の顔を見て夫も満足そうだった。夫は話をしながら過去の整理をしているように思えた。

3★「お母さんは、ぼくが絵を描いてくると必ず批評したり誉めてくれるんで、描く張り合いがあったよ。何にも言わない奥さんだったら、絵も描き続けられなかったねー」

盛んに私をほめる。何も言わない奥さんだったらなんて一度も言ったことがなかった夫の頭の中。

思い出を美しいものとして、脳裏に納めておきたいのだろうか。


4★ほめ言葉が何日も続く。

「お母さんのアイディアは実にいいな。お母さん、アイディア集、出してみたら」

たいした才能もない私を、夫だけは認めてくれる。

こんな日常会話を健康の時も時々言っていたが、ベッドの上の夫が本気で思っているのなら、それが身にしみて嬉しいが今は悲しい。

私を反対に励ましているような夫の気持ちが嬉しくなる。


5★「お母さん、今度退院したら横浜のHちゃん（実兄）の家にとめてもらって山下公園で港の風景描こうか。それともA子さん（息子の嫁）の千葉の別荘で房絵の海を描こうか」

次から次と絵を描く夢を追いつづけて、私に話しかける。絵の話題は尽きない。突然現実にかえって、

「点滴がなくならなくてはねー」

と、いまいましそうに点滴を見つめる夫の顔。この人は死ぬまで描くと思った。


6★「お母さんを、あと佐渡へ連れていかなくちゃあね」

自分の体にムチ打っているような言葉。

「もういいよ、日本中の旅をさせてもらったし、佐渡は近いから、もっと先の楽しみにとっておこうよ」

佐渡へ佐渡への歌のように、病の床で妻と二人でスケッチ旅行の計画をしているのだろう。

「お母さんは、あとどこへ行ってみたい」

と問われた時、

「そうだね、佐渡はまだいっていない」

この言葉を真面目な人なので憶えていたのだろう。

夢でもいい、行けたらうれしい。

たわいもない日常会話。でも夫は話にのってきた。

妻とこんなにも、ゆっくり会話のできるのを楽しんでいるのだろう。


7★「お母さん、お母さん、仙石原のひめしゃらの民宿はよかったなあー」

東の間の入退院の時、若い時小田原にいた思い出の箱根の山を描くために自分で申し込んだ民宿。

附添いのかたちでついていった私がダウンしているのに、病気の夫は小雨の中を疲れも知らないように絵を描きまくった。

どっちが病人かわからない旅。

やりたいことを充分やって満たされた心が、疲れさせないのだろうか。

「お父さんには、まいったわ」

「お母さん、食事もよく食べたっけね」

箱根の民宿の絵が事のほか上手だとM先生にほめられたのも、頭の中にあるのだろう（福島作太郎回顧展に出品）。


8★「お母さん、磐梯山もよかったね」

また絵の話。体の調子がいいのだろう。

寝ている時、楽しい思い出をたぐりよせて、妻との会話を楽しんでいるのだろう。介護心得で、いい会話をこちらが目標にたてたのに、患者の方が積極的に参加してくれる。

「お母さん、磐梯山、最後まで頂上をみせてくれなかったのも頭にあるよ」

「お父さんが本気で描いているのに、すっかりあきて野草をとったり田んぼのあぜをただただ歩いていた私、憶えてる」

「知ってる、知ってる」

夫の真剣にスケッチするこの姿が長く続きますようにと祈りながら、絵など描いていられなかった自分をごまかすため、田んぼのあぜをただただ歩いていたのだ。夫は無事この旅を成功させたのだが、私は全く疲れはてた旅だった。

9★「お母さんも、大きな絵の作品に挑戦してみなよー。お母さんの方が才能があるから」

絵を描かないでいる私に、ベッドの夫のメッセージなのだろう。

描きたい私に絵筆を握らせない現実を察しての夫の思いやりとみる。

でも夫を力づけるため、

「そのうちお父さんより大きな作品を描いてびっくりさせるから、お楽しみにー」

絵の会話に、夫の気力が湧くのがわかる。自分が描けないので、私に託しているのだろうか。

今に、と思っていたところ、夫の三回忌に第二十八回坂戸市美術展に初出品の岩殿山の大いちょうを描いた「樹塊」が絵画部門の最高賞の議長賞をいただきました。夫婦二人でとった賞とも言える。

「お父さんと約束した大きな絵、特別賞とったよ」

夫の願いがとどいたのでしょう。

夫の会話は最後まで絵の話だった。

★「お母さん、昨夜変な夢みたの」
説明を聞いたが夢だから筋がない。

四十二年の間、夫婦の会話にのぼらない父さんの夢の話、でもゆっくり聞いてあげる。最後に、

「夢の最後が、必ずお母さんが助けてくれるんだよ」

これが世に言う地獄へ歩いていく魂を地上から呼びもどしているのだろうかと最悪な気持ちになったが、そうそうと優しく聞きながら、

「また助けるからね」

と話をきった。

会話の内容で病が急速に進行しているのを私はさとった。

あしたも会話のできることを祈る。以下略

・父さんアノネ

「お母さんアノネー」と夫の方から会話を楽しむように話しかけてくれたのに、夫はとうとう声がなくなってしまいました。

「そうだ、口は聞けなくても、話はきっと聞こえて聞いている」と私は、その日から一方的に、夫の顔の表情を見ながら、今度は私の方から「父さんアノネ」と話しかけたのです。

必死に話しかければ、きっと反応し答えがかえってくることを私は信じていたのです。

とっさの事ですが、「父さんアノネ」の私の働きかけに夫は正確に反応するではありませんか。

口が聞けないから、そのまま静かに見守るだけの介護でしたら、おそらく夫は眠ったまま夫とのコミュニケーションはここでたたれていたに違いないと思うと、自分のとった処置は、あれでよかったと自分に言いきかせ納得できた私です。

そして、沢山のメモを書かせたのは、何だったのだろうか。沢山のメモを——。

夢の中で書かせた文章。まさにこのことを夢中と言うのでしょう。

悲しい最後のメモになりましたが、夫婦としての生活の最後の最後まで、とどめておきたいために夫もその証しを残したかったのだと思うと、夫が筆をとらせたといいたいのです。

夫は私の会話がなくなったとき、すべて成し終えたように静かに旅立っていったのでしょう。

妻の私から一言で言うならば、もっと生きてほしかったけれど、正に大往生だったと思いました。

ここに書かれた文章は、大往生にいたるほんの少しを書きましたが、息をひきとる間の会話メモはノート一冊になるほど続いています。その内容をここに書くのは忍びなく、筆を止めました。

苦しさを再現したくないからです。

七、みなさん有難う

★或る日のことです。

「福島さん。旦那さんの病気にとてもいいお薬があるとの話を聞いてきたのですが――」

職場の先輩だったSさんが、息を弾ませてとんで来てくれたのです。

藁にもすがりたい今、どんな薬であろうといいと言えばすぐにでも欲しい私を、Sさんは M さん宅に連れていってくれました。

偶然にもMさんは、昔同じ職場で働いた仲間でしたし、ご主人も同じ病気で患らっていると聞いて二度びっくりしました。

そのMさんの好意で、忙しい仕事中、早速連絡をとって薬を手配していただいたり、プリントなども用意してくれたのです。

こうして善意の人に次々と助けられました。

いやな病気でしたが、苦しさの中で人の情を沢山いただいた有難かったことは、今も鮮明に憶えているのです。

★これは秋風の吹く頃だったと思います。実家の弟が、
「畑が少しあると坂戸の義兄さんに聞いていたけれど、今どうなっているんだ」

と、心配して来てくれたのです。

私は自分の畑のことなのに、畑の状態など頭の隅にもなかったのです。

少し遠方でしたので、弟を車にのせ畑にいってみました。弟が心配してくれていた通り、荒れ放題の草丈が私の背の高さほどに伸び、その中にやせ細ったコスモスの花が三つ四つ咲いていた状態で、草むらとなっていました。その中で主人のいない畑の隅に、M先生からいただいた白い紫陽花が淋しく咲いたのでしょう。カラカラに乾燥した花のかたまりが残っていました。

「荒れていると物騒だから」

と弟は何日も畑に通って、藪をのぞき草をかたずけ、きれいに整地にしてくれたのです。

妹夫婦たちも、「草むしりぐらいはできるから」と、るすの庭の草むしりをしたり、いろいろなことで支えてもらいました。

「用事があったら電話をかけてくれ。とんでくるから」

と電話をかけてくる兄弟や親戚の温かい言葉に、いくら力づけてもらったことか心強いものを感じましたが、善意の心をもった人は、親戚や兄弟だけでないのです。

＊　＊　＊　＊　＊

「さくちゃん、介護で倒れないように頑張ってなあ。一週間に一度、坂戸へいく用事があるから、そのついでにレバーをポストに入れておくから、食べて力をつけろよ」

赤の他人の同級生のKさんは、それから週に一度、新鮮な地鶏のレバーをポストに入れておいてくれたのです。

新聞紙の包み紙にマジックで「気をつかわないで」とか「電話はなしよ」とか書かれた文字をみて涙がでました。

こんな凄いことを何食わぬ顔でできるKさんを友人にもって、私は幸せ者だと今も思っています。

★「正月でも、おせち作る間もないでしょう」
とビニールパックに手作りのおせちをとどけてくれた後輩の職場の仲間。

私を慰める会とうたって、一泊旅行をわざわざ計画してくれた友人。

こんな善意の心を持った人たちがいることを自慢したかったので、私は書いています。最後になりましたが、院長先生、婦長さん、看護師さん、ありがとう。

母の教えの中に、
・人に親切にしなさい
・人前でえばって（威張って）はいけない
・人に優しくしなさい

私も、ここに改めて母の教えをくりかえし、私も更にそう心掛けたいと強く思います。

病気中だけにかかわらず、私達夫婦にかけてくださった沢山のみな様のご好意を無にしないように、ここの紙面にて心より感謝の言葉を言いたいと思います。

みなさんの善意を沢山にありがとうございました。

おかげで夫はいい旅立ちをしてくれました。

最後の言葉

「お母さんには、感謝しきれない」

と、常に夫は感謝の言葉を口にする人でした。

或る時は、また真剣な顔で、

「お母さんを、ぼくはポケットへ入れて歩きたいよ」

とか、冗談ともとれるような言葉でしたが、介護の私に本気で言葉かけをしてくれました。

他人が聞いたら、よくもヌケヌケとそんなことが言えると笑われそうですが、私達夫婦は平常から家族へも、他人へも、気軽に言葉をかけ、会話を大切にしながら一日を楽しくありたいと心掛けてきたおかげで、夫のやることが妻に見え、妻のやることが夫に見えたからこそ、介護がスムーズにできたのだと私は思います。介護の私を反対に誉める主人、私はそれだけで充分でしたのに、夫は「感謝しきれない」という言葉を、総括したような言葉として私にかける回数が多くなったのです。私は夫の死期を感じてきました。

目を閉じて、しっかり握りしめていた私の手を更に強くにぎりかえし、

「お母さんは、教育者としても立派だったね」

と目をかすかに開いて、本当におだやかな声で、はっきりと言ったのです。

今の今まで涙はみせまいと頑張っていた私は、

「それは違う、お父さんがいたからよー」

と何回もさけびました。握り合った手の上に介護ではじめてみせた私の涙でした。

私共夫婦二人の病院生活は、常に日常生活と変わりませんでしたので、夫も毎日おだやかに過ごせたのに満足してくれたのでしょう。

妻として母としての私の評価の上に、教師としての評価を夫からもらうなんて思ってもいませんでしたから、そんな目でも私を見ていて協力していた夫に更に感謝をしたのです。

でも夫は、なおも私の手をはなさず、

「お母さんの手が、一番あったかいなあー」

と言った時、私は涙声になって、しゃくりあげていました。

その夜から夫との声の会話はありませんでした。

しかし私は一方的に会話を送り続けました。言葉にならなくても、反応は顔の表情でわかりました。

それから三日後、夫は全く静かにあの世へと旅立ちました。

さわやかな、いい顔でした。

（〝父さんアノネ〟は別冊でかけたら書こうと思う）

西暦二〇〇〇年（平成十二年）、私は夫の水彩画の回顧展を私の作品と合わせて夫婦展をしました。

生きがいを下さった絵の先生と私の親友の助けをかりて――。

M先生、私の親友のUさんには感謝しきれません。

回顧展は坂戸駅南（坂戸ホテルにて）六百名の方々が来てくださいました。

八、資料

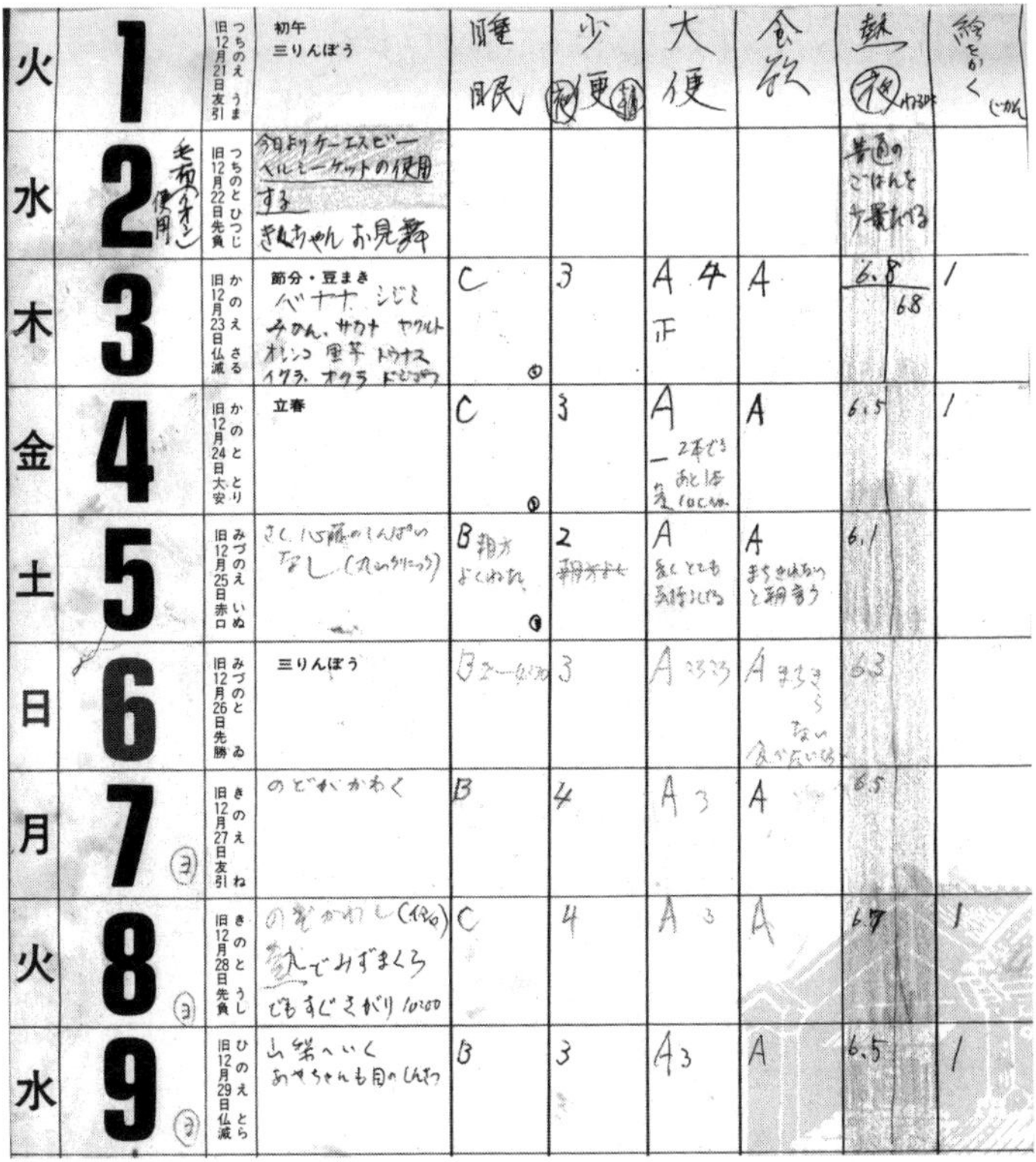

曜	日	旧暦	記事	睡眠	少便 (夜)(昼)	大便	食欲	熱 (夜)	汗をかく
火	1	旧12月21日友引 つちのえ うま	初午 三りんぼう						
水	2 毛布のイオン使用	旧12月22日先負 つちのと ひつじ	今日よりケーエスビーヘルミーケットの使用する きぬちゃん お見舞					普通のごはんを少量たべる	
木	3	旧12月23日仏滅 かのえ さる	節分・豆まき バナナ シジミ みかん、サカナ ヤクルト オシンコ 里芋 トウナス イクラ、オクラ ドじょう	C ①	3	A 4 正	A	6.8 68	1
金	4	旧12月24日大安 かのと とり	立春	C ①	3	A 一 2本でる あと[illegible] 10cm	A	6.5	1
土	5	旧12月25日赤口 みづのえ いぬ	さく。心臓のしんぱいなし。(丸山クリニック)	B 朝方よくねむれ ③	2 ~~朝方より~~	A [illegible]	A まちきれないと朝言う	6.1	
日	6	旧12月26日先勝 みづのと ゐ	三りんぼう	B [illegible]	3	A [illegible]	A まちきらない 食が[illegible]	6.3	
月	7 ③	旧12月27日友引 きのえ ね	のどがかわく	B	4	A 3	A	6.5	
火	8 ③	旧12月28日先負 きのと うし	のどかわし(夜) 熱でみずまくら でもすぐさがり 10:00	C	4	A 3	A	6.7	1
水	9 ③	旧12月29日仏滅 ひのえ とら	山崇へいく あやちゃんも目のしんさつ	B	3	A3	A	6.5	1

健康チェックの在宅介護表

あとがき

私は今年四月、突然と言うか、めまいが引き金のように次々に体調を崩し、転々と医者を渡り歩いています。老化現象とすぐわかりました。

気ばかりあせるが、体は金しばりにあったように、老人ホームを考えたり、一時あの世も考えた程の悩み苦しみは、人に話すと打ち消され、正直家族にも病気のつらさを理解されない状態でした。

しかし同じ体験をしていた友人から親身になってのアドバイス、優しい笑顔で私の話に耳を傾ける彼女によって、私は徐々に自分をとりもどしたのです。

彼女が私に示してくれたように、介護にあたる方は、自分の健康も考えて、患者のために、一主婦の体験した、ささやかな体験談ですが、患者さんにあう介護のヒントになりましたら、幸せに存じます。

平成十三年四月五日　七十歳の誕生日　著者

第二部

介護される立場

まえがき

今年数え年八十八歳、米寿を祝っていただいた今、二十年も前になくなった主人の介護日記が出てきた。ひとり身になった私は二十四時間をわがものにして、趣味や通信講座の勉強に熱中していた時、何とはなしに書いたレポートをそのままにしてしまうのがおしいと考えて書いたのが、介護心得十ヶ条の第一部の原稿である。

しかし今、介護される立場にあり、週二回のデイサービスに厄介になっているが、苦しい山坂を乗り越えた末、やっとつかんで私の老いの道を見つけた言葉は〝老いもまた楽し〟という気持ちの転換と、座右の銘の『生涯人のためにお役に立てる人でありたい』という今まで私がつらぬいてきた目標に辿りついたような一日、一日を今充実して生きている。

次の文章は本のもとになったレポートである。

第一章　我が家の介護体験（通信講座レポート全文）

・介護体験日記

「あと三ヶ月の命です」と癌の告知を受けた夫は、一年もの寿命をいただき安らかにあの世へ旅立ったが、家中で知恵をしぼり介護した日々は、今も鮮明に憶えている。出来事のひとつひとつは誰もの心に介護のむずかしさを知ったであろうが、後悔はない。

題目　我が家の介護体験より学ぶ

1　介護の目標を掴む

三ヶ月という告知に、日頃から癌は辛い嫌な話ばかり耳にしていたので、癌と聞いただけで介護のむずかしさと責任で押しつぶされてか、プラス思考の私の頭がマイナスにしか動かなかった。

しかしその先入観念を見事に吹きとばしてくれたのは、患者である夫の言葉だった。

ぼんやりしている私に、

「お母さん、病室でも好きな川柳をしていいんだよ」

悩みを見抜かれたようなその言葉に、目標を失っていた自分に気がついた。

「何時ものようにやればいいのだ」

と言ってくれたような言葉にマイナス思考が消えていったのだ。

2　スキンシップのお見舞い

娘が中学一年の孫を連れて見舞いに来た。挨拶もそこそこ娘は父親の手足をさすり出した。その様子に私は感心、側で呆然としている孫に、

「あなたも、おじいちゃんの足をもんであげな。喜ぶよ」

と耳打ちした。やせ細った体や手足にびっくりするだろうと思ったが、すぐさま行動に移したのは、嬉しかった。言うまでもない笑顔で礼を言う祖父から、きっと何かを学んだに違いない。このスキンシップは最高のお見舞いだったと思う。

私はその後、家族にはもちろん、親しい親戚の人にもお願いしてやってもらった。

3　主体性を患者側に移す

私たち夫婦は職業柄もあったが会話はよくしていたので、病院での長い時間

は、少しも苦にならなかったが、食欲が落ちていることが心配だった。しかし説教がましく強制して食べさせるのだけは、自分の経験からもさけたいと思って、次のようなことを考えた。初めてのことなので、成功を祈りながら――。

まず下の図のような三つに分けられている皿を二枚用意した。

この皿に、無理を承知で食事の配膳を頼んだのだ。

夫は何の抵抗もなく、すぐさま私の用意した食品を色どりを楽しむように盛りつけた。一皿に三品、二皿だから六品、多分自分の口に入る量を計算して盛りつけたに違いない。私も思わず「あら、おいしそう。私もたべたい」と言った。盛りつけたものは全量たいらげた。自分の意志で盛りつけたものであるし、それが少量でも多かろうとも全部たいらげた快感は、本人にもあったのだろう。次の食欲へと繋がった。このこころみは大成功で、しばらくは、たとえ二皿六口《むくち》でも、お腹の中に納まってくれたであろうと確信した。病人でなくとも、その後自分でもそうしたのだ。

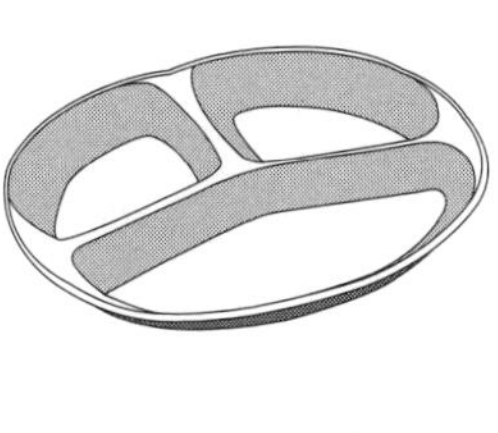

ベッドで自由をうばわれている患者には、たとえわずかでも主体性を与えるものがあったら与えることがよいことだと私は強く思った。(医師には諒解ずみである)

4 患者への話しかけ

「今、お父さんが一番食べたい食べ物は何かなあー」

参考になればと何気なく尋ねた。すると待っていたとばかり即座に返事がかえってきた。

「お母さんの揚げた野菜の天ぷらで、あったかいうどんが食べたい。次は妹夫婦の家でよく持って来てくれた川魚の煮付けかな」

まるでコンピューターのボタンを叩くように、どこで・・・誰と・・・食べた・・・あれが・・・食べ・・・たいと具体的な返答に、私のメモが追いつけなかった。四六時中、こんな想像をしていたと思うと、胸がしめつけられたが、「聞いてよかった」と思った。介護者の話しかけは患者にとって、こんな嬉しいことはないのだと思った。介護に限らず、普段からこんな会話がほしいと強く思いつつ、更に質問をしたのは、

・今、何がしたいか
・どこへ行きたいか

と尋ねたのだ。

5 食事への挑戦

〝善は急げ〟早速患者が一番願った〝天ぷら付きあったかうどん〟に挑戦することにしたが、病院には調理場がなかった。熱湯だけは充分いただけることを知っていたので、コンビニへ行って少々中身の多いおでんを買った。保温の効く容器

の大きいのをゲットするために――。湯で麺と汁はインスタントだ。『お母さんの揚げた天ぷら』と指名された嬉しさもあり、少々張り切って家の汁椀と薬味も用意したのだ。病院の夕食時刻に合わせておでんの容器に茹で麺を入れ、熱湯をそそいだ。

主人は人をほめることができる人で、「お母さんのアイディアはすばらしい」と繰り返しほめてくれた。

食事がこうして少しずつだが口に入る頃、告知の三ヶ月はとうに過ぎていた。特別な事ではない。介護をさせていただくつもりでやれば、苦ではなく、自分のためにもなる喜びと感じたのは介護にあたった私だった。

6　家族の連携プレー

病院は我が家から四キロぐらいの距離だったが、嫁のA子さんが通勤前に回り道して我が家に寄り、朝刊と昨日の郵便物を病室へ届けに来た。毎日のことで大変なことだと思ったが、私から聞いた容体を息子へ報告。別の用事も足してくれて助かった。二人で相談した行動に感謝する。

介護はやはり家族だと思った。

ベッドの上で最後まで絵を描き通した夫。気兼ねなく病室で川柳を詠んだ私。勤務と介護を両立した息子夫婦。遠くへ嫁いだ娘からは、電話での間接介護。この紙面では書きつくせない沢山の介護の方法を学んだのだ。

娘からの間接介護とは、私が勝手につけた名前で、夫の容態のよい時とか、電話をかけやすい時間を娘に知らせて、電話で話をさせてあげたのだ。孫の声も時々聞かせてもらったのは、夫の喜びもひとしおだったと思う。

以上レポートの全文

第二章　介護される側に立った体験

1　娘の一言から

「主婦の介護体験の本はあまりない」

と親友に言われてから十七年がたった。

夫の介護の体験日記をもとに介護心得十ヶ条として介護側からの体験記録が第一部であるが、介護をした私も、今年八十八歳で介護される身の生活をしている。

家族の世話を受け、訪問介護とヘルパーさんに助けられ、週二回デイサービス通い。デイサービスの仲間の人達と打ちとけて、折り紙をしたり、ぬり絵をしたり、ゲームに脳トレ等々、結構楽しい日を過ごしている。

自分のことを、私は『幸せ老人』と呼んでいるが、数年前はきびしい病いとたたかったのだ。仲間達も病いの苦しみをくぐり抜けてきた体験の持ち主であるので、出版社のすすめもあり、自分のためにも、第二章　介護される側に立って、重いペンを持つことにした。

ご多分にもれず、私も病いの体験者である。東日本のあの痛ましい災害のテレビ放送をくり返し、くり返し見ているうちに、あの悲惨な光景に同調してしまったのか、老化現象と重なったのか、突然おそった目の病からだろうか、外出をこばみ、軽いうつ病にかかって、もんもんとした日を過したのだ。食欲を失い体重の減っていく様を見るにつけ、明日を心配する我が身の危機を感じる程だった。

そのストレスを吹きとばしたのは娘の一言だった。

「お母さん、私の夢は、お母さんと銀座で絵の個展をすることなの。今まで描いた絵を三十点ほど用意してね」

全く、突然の電話だが細かい事は言わず電話は切れたのだ。幸い描きためた作品は充分あったので、倉庫から引きずるように準備をはじめた自分であったが、こんな重労働と思われる作業のできる自分の行動を今思うと不思議に思う。銀座という名前は有名だから、全くの別世界の話なのに恐れることもなく、私はこの話を承知したのだ。

私の停滞していた脳が突然動きだしたのか、夫をなくした一人暮しの姉を気づかって、娘に電話でこう言ったのだ。

「お母さんと二人の個展でなく、おばちゃんも入れて三人展にしないか」

そんな私の願いを、娘はひとつ返事で「いいよ」と返してくれた。

一言が一言を生み、銀座の三人展は大成功に終わった。

私に生きる道を開いてくれた娘の一言の蔭には、協力する強力の家族がいた上に、更に大きな奇跡があったことを、この紙面に書いておくことにする。

2　奇跡とは

私達のギャラリーは銀座八丁目の地球堂で、銀座の歩行者天国が眼下に眺めら

「母と私とおばちゃんの 3 人展」
2012 年 8 月　銀座　地球堂ギャラリー

れる大きなガラス窓のある二階であった。

お盆明けの八月二十日。明日が初日と言うことで、心おだやかでない前夜の事、全く知らせもなかった情報が飛びこんだのだ。

ロンドンオリンピックのメダリストが、銀座通りでパレードをする話だ。それも、私達のギャラリーの初日の同時刻、願ってもない話で、病いも忘れさせた出来事であった。

翌朝早めに大きなガラス窓から階下を見て、またまたびっくり。道路の両側やビルの窓は人であふれている。カメラを高々と持ち上げて、

「内村君、感動有難う」

と叫びながら右へ左へと人の波がゆれ動くのだ。車の上の赤いブレザーの選手が、その声に手を振って動きまわる。

翌朝の新聞に五十万の人出だったと報道されており驚きの連続。驚いたのは、それだけではない。その群衆の流れの人達が、私共のギャラリーにも入ってくれたのだ。管理人さんより、「盆明けは、銀座通りは静かですよ」と言われていた

ので、突然のこの強烈な出来事は、三人展に花を添えてくれた奇跡と言えよう。

3　幸せ老人の私

後日談になるが、この奇跡の蔭に介護心得のような話を聞き、感謝以外にない私である。

娘は自分の夢の実現とは言ったが、母親の私の健康を祈ってのことでもあったと言う。

病気の母を、数日間楽しく過ごさせる為に、疲れたら銀座の有名な歩行者天国が眺められるように、窓の大きな通りの見えるギャラリーを探すため、孫二人とともに銀座まで数回足を運んだとのこと。疲れたら横になって休めるように、大きなソファーのある部屋も頭に入れたとのこと。

三人の外孫が母親の応援するために来ていたが、親の指示でなく三人で相談してローテーションを組んで来ていたこと。同居の息子夫婦も孫と四人で、大がかりな飾りつけを手助けをしてくれたこと等、介護される身にとって、これほどの介護はないと、嬉しさのあまり余談をはさんだが、私はやはり幸せ老人なのだ。

4　介護人は、家族だけではない

只今、私はこの原稿を書いている最中である。玄関のブザーが鳴ったので重い腰をあげて玄関に出たら、お隣りの奥さんが、大輪の菊の花を持ってきて、

「ご主人にあげてください」

と言って帰った。

両隣りの二軒の奥さん方も、病気の私に優しい声かけをしてくれる。

近年、近所づきあいが薄れている世間に外からの言葉かけが、患者にとって大きな癒しの言葉である。

5　朝の一言の挨拶から

話は変わってナーシングの出来事にうつる。

ナーシングホームの行事の中で、利用者ひとりひとりの誕生日を祝ってくれる行事がある。半年前、私も祝ってもらった。その時、司会の介護士さんから、恒例のように手づくりマイクで一言しゃべるように言われるのだ。

私は日頃から思っていたことがあったので、

「一言でなく、みことでもいいですか」

とおどけて言ったが、私にとっては勇気ある発言だった。

「みなさんも私も縁があってここに来ていますが、挨拶をしても元気な声がかえらないのは、とっても淋しいのです。帰りは送迎車の関係で、あわただしく帰るので無理ですが、朝の挨拶だけでも、元気にしませんか」

と、体験話を混えて話したのだ。みなさんが真剣に聞いてくれたようだったが、あたりはシーンとしていた。その時だった。車椅子に乗っている年輩と思われる女性のKさんが私に寄って来て、

「いいお話でしたよ」

とほめてくれたのだ。その一言のほめ言葉が何と嬉しかったか。何度も礼を言った。その後Kさんは、朝も夕も笑顔で握手をしてくれるのだ。半年たった今、私のこの話に反応を示してくれる男性が現われた。一日中一言も話をしない、このCさんに、

「おはようございます。元気ですね」

と言うと、手を出して握手をするようになった。今は、私の顔をみると向こうから手を出して握手を求めてきている。

これだけでもナーシングへ来ている価値を与えられたと思うと、私の喜びでもあった『人助けが、私の使命である』と目標を持って生きている私にとっては、それ以上の喜びはない。

手をあげて遠くから挨拶をする人、肩をたたいて顔を見合わせて挨拶をする人と様々であるが、笑顔で挨拶をする人が以前より多くなったのは事実だ。欲目でも多く見えるのは嬉しい。親友のＩさんも、私のあとから男性のＣさんと握手をしてくれていて、嬉しい。

挨拶ができるようになると、日常の会話も盛り上がる。悩み言《ごと》もすなおに口からとびだすようになった。

本音の会話から同じ悩みで苦しんでいる人が多いのもわかった。

6　介護への要望と対策

私は、ナーシングへ来ると、みなさんの座席に近いベッドで治療を受ける。私の耳に、前より元気な大きな声が聞こえてくる。会話の達者な利用者か、長いつき合いで親しくなったなごやかな声か、時々ベテラン介護士さんのたくみな話術で盛りあがる爆笑で、明るい空気を感じる。その中よりひろった生の声と、私の親しい友人から聞いた本音の声をあわせて五つにしぼり、私なりに表にして、介護される上での悩みとその解決策と思われる例をまとめてみた。

○介護への要望と対策

〈悩み〉	〈解決策の例〉
1、家族との会話がほしい	・家族で朝のあいさつをする ・子どもの話題、日常あったことを食卓の話題にのせる
2、頼みごとを聞いてほしい	・買い物にいくけれど、何か買ってくるものあるかと一声かける ・頼むのは迷惑をかけるとすごく遠慮していることから
3、ほめ言葉がほしい	・洗濯物をたたんでくれて何時も有難うと礼を言う ・「留守番、いつも有難う。助るかわ」と存在を認める一言 ・今日のご飯おいしかったよ、また作ってね。やる気の一言

4、声かけをしてほしい	・おじいちゃん、何が好き ・おばあちゃん、どこへいきたい ・聞くことは会話の糸口がひらく
5、仕事をとらないでほしい	・「おばあさん、さいほう上手ね。私のも作ってね」とか、今までの家事や趣味をやらせてほしい。

7　趣味が身を助ける

今、私が楽しく日々を過ごしているのは、自分の好きな趣味がいかに役立っているかということだ。

「やる気がない、つまらない、長生きなんかしたくない」

という人の声も意外と聞くが、私もかつて同じ思いをしたことがあるから理解できる。

そこで、身内の話で恐縮だが参考になればとその一例を書くことにした。

私には現在九十一歳の姉がいる。一家の柱となって働き通し、専業主婦で通してきてひとりぼっちになった時、生きる目標を失ったのだろう。七十代後半だったと思う。私に電話で、「やる気がない、死にたいくらい――」と言った電話に、おどろいた。私も夫をなくしてひとり身だったが、遠出ができず、すぐさま電話で「好きな絵を描くといい。道具はすぐ送るね」と言って、夫の使い残したパレット、絵の具、水彩用具の一式を送った。姉は外出できぬ体であり、しかも老人が新しいものに挑戦するのは容易なことではないことも承知の上で送った。

その後の姉は一冊どころか、小さなスケッチブックに『ざっ草』と題をつけ百冊に近い作品を描いた。見事な絵であった。

銀座の個展の三人展の一人は、この姉だ。芸は身を助ける例えがあるが、趣味が身を助けたことになった体験だった。

おわりの言葉

以上書き終わってペンを置こうとした原稿ではあるが、この一ヶ月の間にも私を喜ばせた話がいくつも舞い込んで来たので、嬉しさの余り再びペンを持つことにした。

※やる気が出てきたCさんの話
「お母さん、今日は金曜日で仲よしの福島さんと会える日でしょ」

「送り出してくれる娘の声が優しくなったの」

と嬉しそうに話すCさん。家族も協力しているのだ。

※鯛焼き一個の嬉しいみやげ
「おばあちゃん、鯛焼きのおみやげでーす」

紙袋の中に、あったかい鯛焼き一個、感激だ。

両親のアドバイスにも、何時も感謝。

※失敗作の達磨を上げたお礼に嬉しい話（介護士のSさんの話）
「この達磨どこへ飾ろうかと迷っていたら、息子が出て来て「お母さん、ぼくは玄関がいいと思う」とはっきりと主張したのに感激。子ども達も母や家族の人達に関心があることの発見、嬉しかったとの話。（介護をうけている人も家族の一員なんです）

※車椅子のCさんの一言のほめ言葉
「福島さんとお話すると、心があったかくなるんですよ」

この一言の、私に対する最大のほめ言葉。私は思わず「有難う。私もCさんと同じです」と言って握手した。

いずれも、あたたかい心で接すれば、立派な介護は誰でもできると信じる私も、ベッドの上で、毎日毎日さり気なくしてくれる家族の介護に、手を合わせ感謝している。

〝花を咲かせる土でありたい〟これは私の座右の銘で、今も変わりなく、人のお役に立てることを目標に、自分の目標に向かって努力している。日々が何と楽しいことか。

蔭から私を支えている大勢の皆様のおかげと常に感謝し、今回のこの出版を後押ししてくださった皆様に心から、お礼を申し上げ、ささやかな体験記ですが、少しでもお役に立てたらこの上ない幸せです。

皆々様の御健康をお祈りしてペンをおきます（感謝）。

平成三十年十一月十一日　　福島さく（八十七歳）

【著者紹介】

福島　さく（ふくしま　さく）

昭和27年より昭和59年まで坂戸、鶴ヶ島市内小学校に勤務
昭和60年より昭和63年まで坂戸市教育委員会学校教育課（坂戸市立教育センター）勤務
平成2年より平成8年まで人権擁護委員を委嘱される

【著書】

「父母の見た学級通信」第一法規出版　昭和60年
「昭和一けたの足跡」鎌北印刷　昭和61年
「楽しい授業を創る知恵―ひとり立ちの指導の実践―」第一法規出版　平成元年
「川柳　椋鳥」かなりあ舎出版　平成10年
「坂戸市ふるさと歴史散歩唱歌」鈴木出版　平成12年
「ふだん着川柳」白雲社　平成13年
「鶴ヶ島ふるさと探訪」三栄情報社　平成16年
「手のかからない子供の育て方」角川学芸出版　平成23年
その他、勤務中に出した学校だより、学年だより、学級だより20冊あまり。

患者《かんじや》に寄《よ》り添《そ》う介護《かいご》とは

―介護《かいご》して介護《かいご》されて分《わ》かる心得十ヶ条《こころえじゆつかじよう》―

2019年2月9日　第1刷発行

著　者 ― 福島《ふくしま》 さく

発行者 ― 佐藤　聡

発行所 ― 株式会社 郁朋社《いくほうしや》

〒101-0061　東京都千代田区神田三崎町 2-20-4
電　話　03（3234）8923（代表）
ＦＡＸ　03（3234）3948
振　替　00160-5-100328

印刷・製本 ― 日本ハイコム株式会社

落丁、乱丁本はお取り替え致します。

郁朋社ホームページアドレス　http://www.ikuhousha.com
この本に関するご意見・ご感想をメールでお寄せいただく際は、
comment@ikuhousha.com までお願い致します。

 ISBN978-4-87302-689-3 C0095